Sarah Mühlebach

3, 2, 1 … AUF INS ALL!

Mit dem Mond auf den Spuren der Raumfahrt

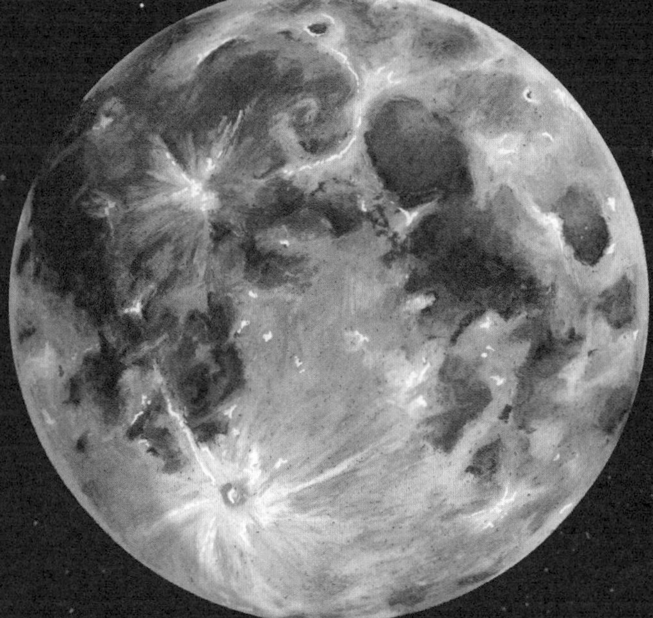

Der Verlag HELVETIQ wird vom Bundesamt für Kultur mit einem Strukturbeitrag für die Jahre 2021–2025 unterstützt.

3, 2, 1 ... Auf ins All!
Mit dem Mond auf den Spuren der Raumfahrt

Text und Illustrationen: Sarah Mühlebach
Satz und Layout: Sarah Mühlebach und Ewelina Proczko
Lektorat: Myriam Sauter
Wissenschaftliche Prüfung: Dr. Simon Christian Stähler
Korrektorat: Ulrike Ebenritter

ISBN: 978-3-03964-073-7
1. Auflage: Oktober 2024
Hinterlegung eines Pflichtexemplars
in der Schweiz: Oktober 2024
Gedruckt in Lettland

Mittlere Straße 4
CH-4056 Basel
Schweiz

helvetiq.com

Teil der Kollektion
unter der Lupe

Die Kollektion *unter der Lupe* untersucht eine Vielzahl von Themen.

MIX
Papier | Fördert gute Waldnutzung
FSC® C008322
www.fsc.org

INHALTSVERZEICHNIS

Einige von ihnen sahen
zu mir herauf, so wie ich
zu ihnen hinuntersehe.

Das ist die Geschichte der Menschen, die sich seit jeher wundern, wer ich bin. Es ist eine Geschichte ihrer Fragen und ihrer Reisen hin zu den Antworten.

Die Geschichte ihrer Erkundung des Weltraums und ihrer Erforschung von mir, dem Mond.

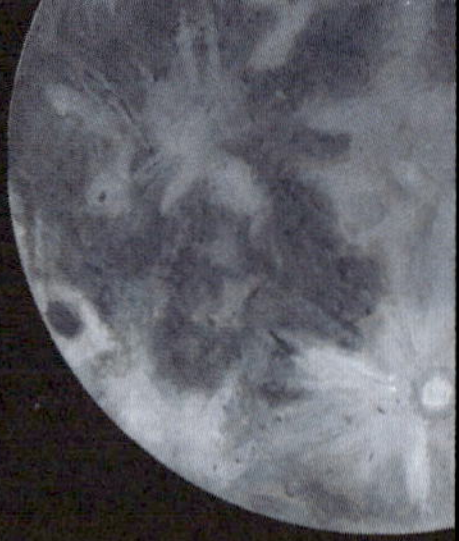

Die Erde und ich sind unzertrennlich. Die Schwerkraft der Erde sorgt dafür, dass ich nicht ziellos im All treibe, ...

... während meine Schwerkraft auf der Erde für Ebbe und Flut sorgt und dafür, dass ein Tag 24 Stunden dauert.

DER MOND UND DIE ERDE

Der Mond war einmal ein Teil der Erde. Er entstand vor 4,5 Milliarden Jahren aus Trümmerteilen einer Kollision zwischen der Erde und einem anderen Planeten. Seither üben der Mond und die Erde Einfluss aufeinander aus. Mit seiner Schwerkraft zieht der Mond das Wasser auf der Erde an und sorgt so für Ebbe und Flut. Dieselbe Kraft hält die Neigung der Erde stabil, der die Jahreszeiten zu verdanken sind.

Die Erdbewohner spüren meinen Einfluss ...

Flughunde und Fledermäuse sind in Vollmondnächten weniger aktiv, da das zusätzliche Licht sie für Fressfeinde besser sichtbar macht.

Auf den Weihnachtsinseln wandern die **Krabben** einmal im Jahr, kurz nach Vollmond, zum Strand, um sich zu paaren. Dann ist die Strömung im Meer schwächer und die abgelegten Eier werden nicht weggespült.

SCHWERKRAFT

Eine starke Kraft, die man auch Gravitation nennt. Sie geht von großen Objekten wie Sternen und Planeten aus und hält kleinere Objekte wie ein riesiger Magnet fest. Sie sorgt dafür, dass Gegenstände auf dem Boden bleiben, anstatt einfach wegzufliegen, und dass der Mond um die Erde kreist.

Mein Blick ist stets auf die Erde gerichtet ...

... und meine Rückseite, die die Menschen auch meine dunkle Seite nennen, ist von der Erde aus nie sichtbar.

MONDPHASEN

Da der Mond gleich lange für eine Erdumrundung braucht wie dafür, sich einmal um sich selbst zu drehen, wendet er der Erde immer die gleiche Seite zu. Was wir vom Mond sehen – die Mondsichel –, verändert sich je nachdem, wie das Sonnenlicht auf ihn fällt.

Bei **Halbmond** wird die Hälfte der Seite, die von der Erde aus sichtbar ist, beschienen.

Bei **Vollmond** wird die komplette Vorderseite des Mondes beschienen.

Bei **Neumond** wird nur die Mondrückseite beschienen, sodass der Mond von der Erde aus nicht sichtbar ist.

Mein Schatten kann sogar die Sonne verdunkeln ...

Bei einer **Sonnenfinsternis** verdeckt der Mond die Sonne und wirft seinen Schatten auf die Erde.

Bei einer **Mondfinsternis** verdunkelt der Schatten der Erde den Mond.

Der Mond erscheint bei einer Mondfinsternis oft dunkelrot.

SONNEN- UND MONDFINSTERNIS

Finsternisse entstehen, wenn Sonne, Mond und Erde genau auf einer Linie stehen. Steht die Erde zwischen Sonne und Mond, entsteht eine Mondfinsternis. Wenn der Mond zwischen Sonne und Erde steht, kommt es zu einer Sonnenfinsternis.

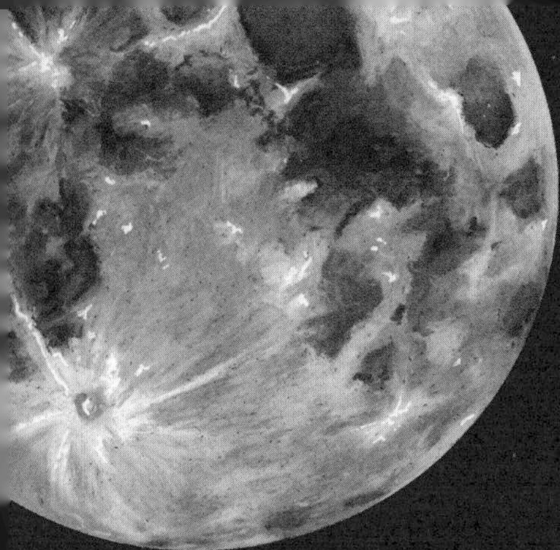

Ihr nennt mich Mond, doch über die Jahrtausende hatte ich viele andere Namen, in vielen anderen Sprachen.

CHANG'E (CHINA)

Der Legende nach war Chang'e einst ein Mensch. Sie trank ein Elixier und wurde unsterblich. Seither wacht sie mit ihrem Begleiter, dem mythischen Jadekaninchen, über den Mond.

HANWI (NORDAMERIKA)

In der Sprache der Sioux heißt der Mond übersetzt »Nachtsonne«. Er soll sie vor bösen Geistern beschützen.

BAHLOO (AUSTRALIEN)

Bei den Aborigines tritt der Mond als alter Mann mit weißem Haar und drei giftigen Schlangen als Haustieren auf.

CHANDRA (INDIEN)

Im Hinduismus ist Chandra ein junger Gott, der in einer Hand eine Keule und eine Lotusblume in der anderen trägt.

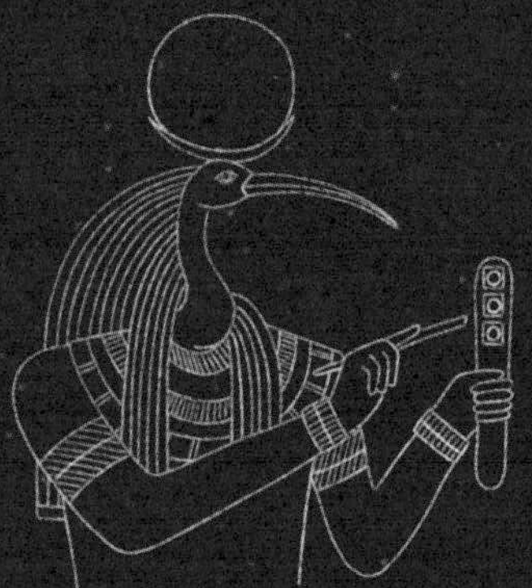

THOTH (ÄGYPTEN)

In der Mythologie des Alten Ägypten war Toth der Gott des Mondes, der Weisheit und der Magie. Er wurde oft als Mann mit einem Ibiskopf dargestellt.

MAMA KILLA (SÜDAMERIKA)

Die Inka sahen im Mond eine Mutterfigur. Bei jeder Mondfinsternis vertrieben sie durch Lärm die Ungeheuer, von denen sie glaubten, dass sie den Mond verschlangen.

Vielen Kulturen diente ich als Kalender.

Sie richteten ihre Rituale und ihre Bräuche nach mir.

Zum **Mondfest**, das in mehreren asiatischen Ländern im Herbst gefeiert wird, werden farbige Laternen angezündet.

FESTE UND TRADITIONEN

Viele Kulturen orientieren sich auch heute noch an den Mondphasen. Im traditionellen chinesischen Mondkalender bestimmt der Neumond, wann das neue Jahr beginnt. Im Christentum wird Ostern immer am Sonntag nach dem ersten Vollmond im Frühling gefeiert. Der islamische Fastenmonat Ramadan beginnt, sobald die dünne Sichel des neuen Mondes zu sehen ist.

Dank neuer Teleskope konnten die Menschen irgendwann den Weltraum und auch mich besser beobachten als je zuvor ...

... und sie fingen an, Zeichnungen und Karten meiner Oberfläche anzufertigen.

FRÜHE ASTRONOMEN

Vieles, was wir über unser Sonnensystem wissen, basiert auf den Entdeckungen und Theorien von Galileo Galilei. Er lebte im 17. Jahrhundert und beobachtete den Sternenhimmel durch ein selbstgebautes Teleskop. Basierend auf diesen Beobachtungen fertigte er bereits detaillierte Zeichnungen der Mondoberfläche an. Galilei arbeitete mit Texten von arabischen Astronomen aus dem Mittelalter, die wiederum auf noch älteren Texten aus Indien, Persien und dem antiken Griechenland aufbauten.

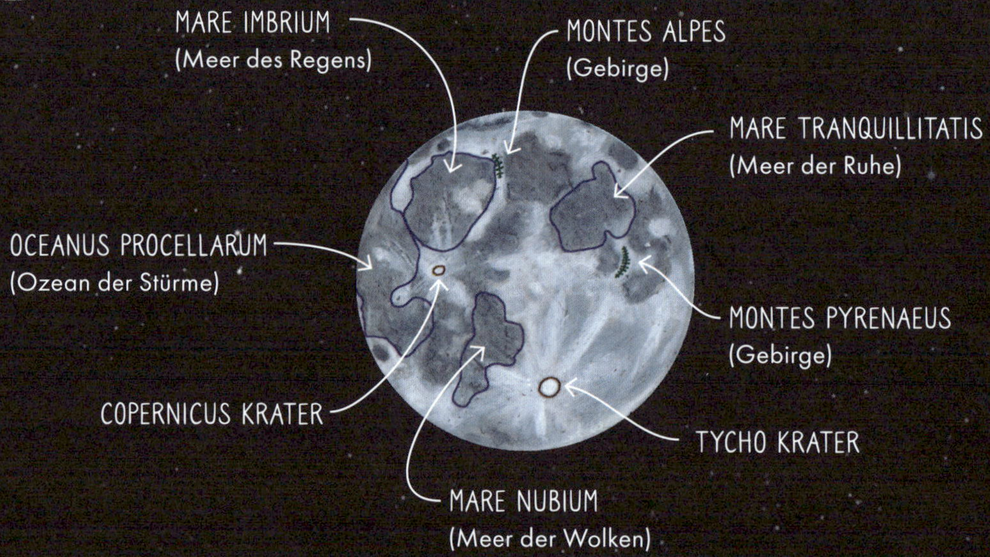

MEERE UND BERGE

Die großen dunklen Flecken auf dem Mond heißen »Mare«, was das lateinische Wort für »Meer« ist, da man sie früher für solche hielt. Die kleineren, eher runden Flecken sind Krater von Meteoriteneinschlägen. Die hellen Linien sind Bergketten.

Die Mondkarte *Selenographia* (1647) von Johannes Hevelius zeigte die Mondoberfläche viel genauer als frühere Karten.

Zunächst hielten sie ihre Beobachtungen nur mit Stift und Papier von der Erde aus fest, …

… dann machten sie Bilder mit einfachen Kameras …

Das älteste noch erhaltene Foto des Mondes wurde 1840 von John William Draper gemacht.

… und schließlich schickten sie Sonden in den Weltraum hinaus, die für sie Fotos aufnahmen.

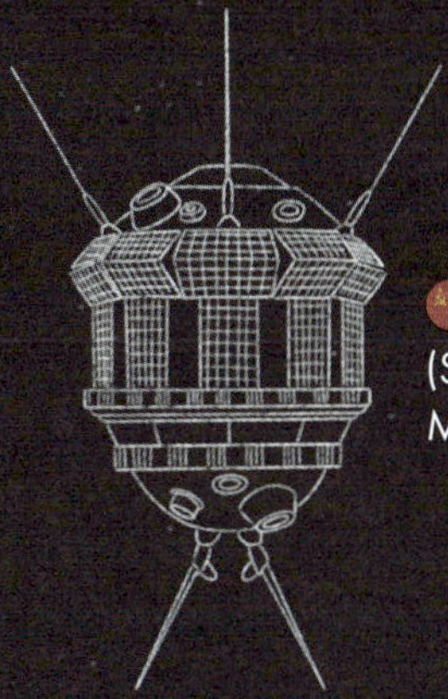

LUNA 3 (Sowjetische Mondsonde)

1959 machte die Mondsonde Luna 3 zum ersten Mal ein Foto der Mondrückseite, die die Menschen zuvor noch nie gesehen hatten.

WELTRAUM ODER WELTALL?

Das Welt**all**, auch »Universum« genannt, ist ein unendlich großer Raum, in dem sich alles befindet, was es gibt. Alle Sterne, Planeten und Monde, auch unsere Erde. Der Welt**raum** ist der leere Raum zwischen diesen Planeten und Sternen. Die offizielle Grenze zwischen der Erde und dem Weltraum liegt etwa 100 km über der Erdoberfläche. Diese Grenze ist aber nicht sichtbar.

Seit Jahrhunderten denken sich die Menschen Geschichten über abenteuerliche Reisen zu mir aus …

Ob mit Schiffen, die vom Rand der Welt gefallen waren, …

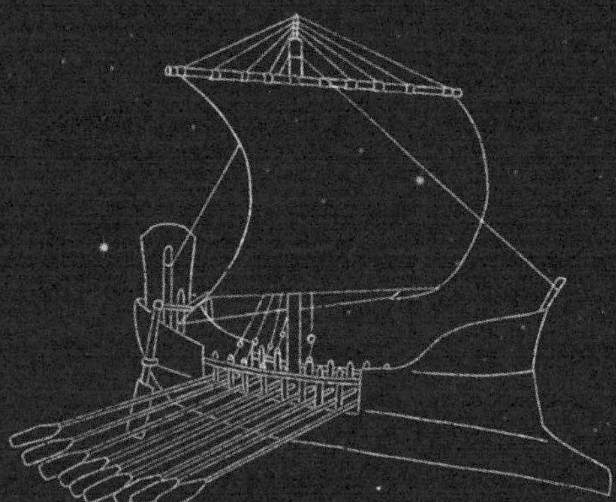

VERA HISTORIA
Erzählung von Lukian von Samosata (2. Jh.)

… oder mithilfe von Vögeln, …

DER MANN IM MOND
Buch von Francis Godwin (1638)

… in riesigen Kanonenkugeln …

VON DER ERDE ZUM MOND
Buch von Jules Verne (1865)

… und beeindruckenden Raketen.

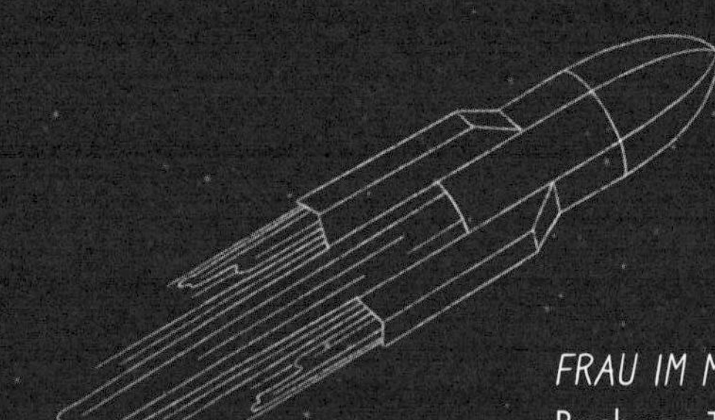

FRAU IM MOND
Buch von Thea von Harbou, verfilmt von Fritz Lang (1929)

Und nun bricht ein neues Zeitalter an, in dem die Abenteuergeschichten der Menschen wahr werden.

Es beginnt das Zeitalter der Raumfahrt.

Die Menschen machen sich auf den Weg zu mir …

Was leuchtet da im Licht der Sonne und umkreist die Erde, genau wie ich?

Ein Satellit! Er ist der erste seiner Art und er ist erst der Anfang …

DIE ERSTEN SATELLITEN

Das Zeitalter der Raumfahrt begann Ende der 1950er Jahre mit der Entwicklung der ersten Satelliten, auf die noch viele weitere folgten.

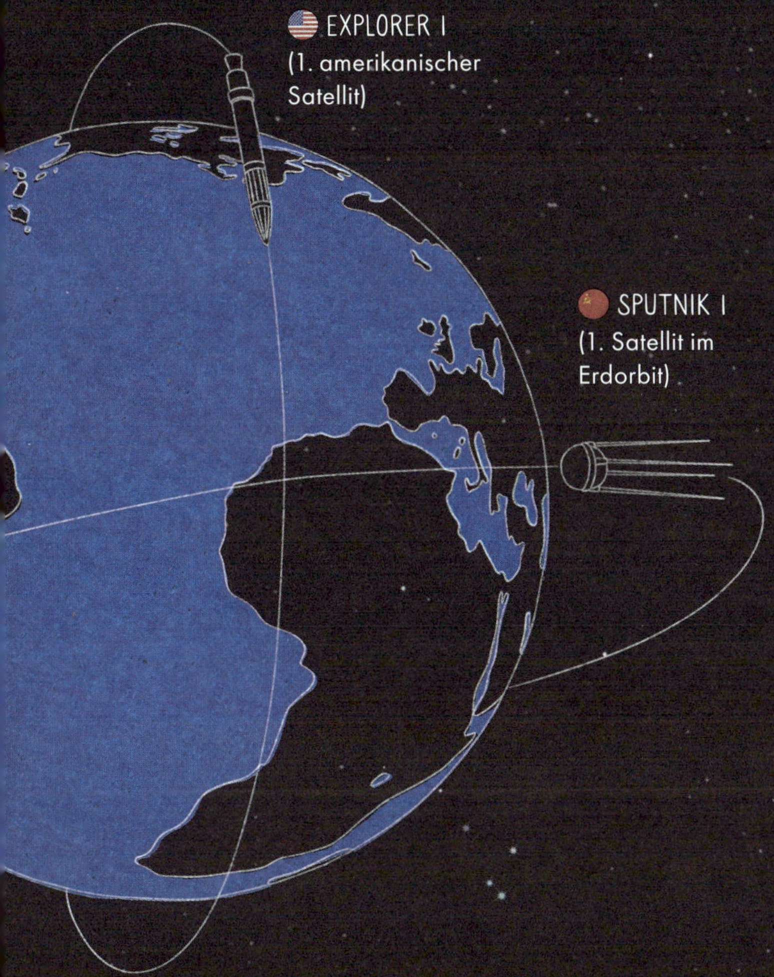

SPUTNIK I

Am 4. Oktober 1957 flog der sowjetische Satellit Sputnik 1 als erstes von Menschen gemachtes Objekt in den Orbit. Er flog in rund 90 Minuten einmal um die Erde.

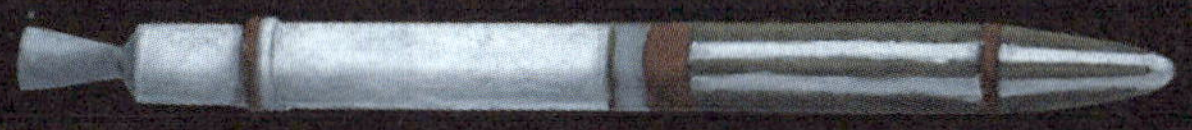

EXPLORER I

Der erste amerikanische Satellit Explorer 1 startete am 31. Januar 1958. Sein Orbit war etwas höher als der von Sputnik 1, weshalb er knapp 2 Stunden für seinen Weg um die Erde brauchte.

Die Sowjetunion konnte über Schiffe, die mit Radioempfängern ausgestattet waren, den Kontakt mit Sputnik 1 behalten.

Die Raketen an dieser Stelle im Buch sind alle im gleichen Maßstab abgebildet. So kannst du sehen, wie sich ihre Form und Größe verändert haben.

Die R-7-Rakete brachte Sputnik 1 in den Orbit, Explorer 1 flog mit der Juno-1-Rakete.

ORBIT UND UMLAUFBAHN

Der Orbit, auch Umlaufbahn genannt, ist der Weg, den ein Objekt im All um ein anderes fliegt. So wie der Mond oder ein Satellit, von der Schwerkraft angezogen, um die Erde fliegen.

Bevor sich die Menschen selbst ins All hinauswagen, schicken sie zunächst andere Erdbewohner in meine Richtung.

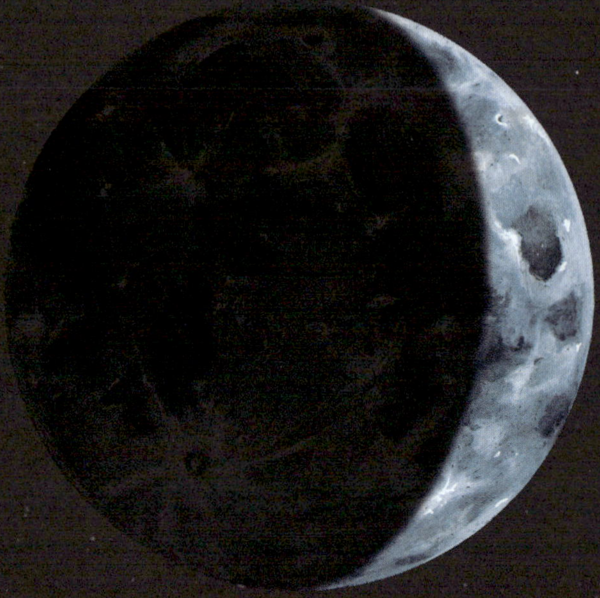

Über die Jahre sah ich Hunderte von Tieren zu mir reisen, allesamt in ihren kleinen Metallkapseln eingeschlossen.

Nicht alle von ihnen kehrten zur Erde zurück. Einige bleiben für immer bei mir und blicken mit mir auf das Funkeln der Sterne.

TIERE IM WELTRAUM

Bevor Menschen selbst in den Weltraum flogen, wurden die Raketen und Raumkapseln mit Tieren getestet.

HAM
(1. Menschenaffe im Weltraum)

LAIKA
(1. Lebewesen im Erdorbit)

LAIKA

Die Hündin erreichte am 3. November 1957 als erstes Lebewesen den Orbit und flog um die Erde. Sie überlebte den Flug nicht.

HAM

Der Schimpanse flog am 31. Januar 1961 als erster Menschenaffe in den Weltraum. Nach dem Flug landete er heil wieder auf der Erde.

Die beiden Hündinnen **Belka** und **Strelka** flogen 1960 mit weiteren Tieren in den Orbit und landeten als erste heil zurück auf der Erde. Einer ihrer Welpen wurde später der Präsidentenfamilie der USA geschenkt.

Alle diese Tiere waren ebenfalls schon einmal im Weltraum:

Kleine Äffchen

Verschiedene Nager wie Mäuse und Ratten

Jede Menge Insekten, darunter Fruchtfliegen und Ameisen

Spinnen

Meerestiere wie Fische und Quallen

Frösche, Molche und andere Amphibien

Schildkröten

Und noch viele mehr ... (einige von ihnen lernst du später im Buch noch kennen)

Unten auf der Erde werden
die Menschen unruhig.

Zwei mächtige Länder rüsten sich.
Beide wollen als Erste Menschen
in den Weltraum schicken.

Wer das Rennen
wohl gewinnen wird?

TIERE IM WELTRAUM

Bevor Menschen selbst in den Weltraum flogen, wurden die Raketen und Raumkapseln mit Tieren getestet.

HAM
(1. Menschenaffe im Weltraum)

LAIKA
(1. Lebewesen im Erdorbit)

LAIKA

Die Hündin erreichte am 3. November 1957 als erstes Lebewesen den Orbit und flog um die Erde. Sie überlebte den Flug nicht.

HAM

Der Schimpanse flog am 31. Januar 1961 als erster Menschenaffe in den Weltraum. Nach dem Flug landete er heil wieder auf der Erde.

Die beiden Hündinnen **Belka** und **Strelka** flogen 1960 mit weiteren Tieren in den Orbit und landeten als erste heil zurück auf der Erde. Einer ihrer Welpen wurde später der Präsidentenfamilie der USA geschenkt.

Alle diese Tiere waren ebenfalls schon einmal im Weltraum:

Jede Menge Insekten, darunter Fruchtfliegen und Ameisen

Spinnen

Meerestiere wie Fische und Quallen

Kleine Äffchen

Verschiedene Nager wie Mäuse und Ratten

Frösche, Molche und andere Amphibien

Schildkröten

Und noch viele mehr ... (einige von ihnen lernst du später im Buch noch kennen)

Unten auf der Erde werden
die Menschen unruhig.

Zwei mächtige Länder rüsten sich.
Beide wollen als Erste Menschen
in den Weltraum schicken.

Wer das Rennen
wohl gewinnen wird?

SOWJETUNION

Das Wostok-Raumfahrtprogramm der Sowjetunion schickte die ersten Menschen überhaupt in den Weltraum.

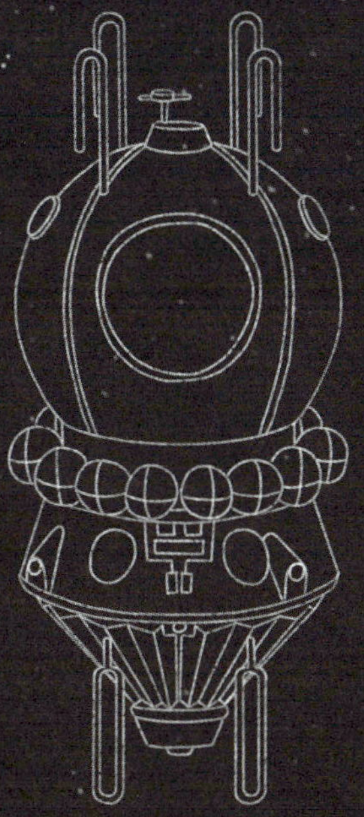

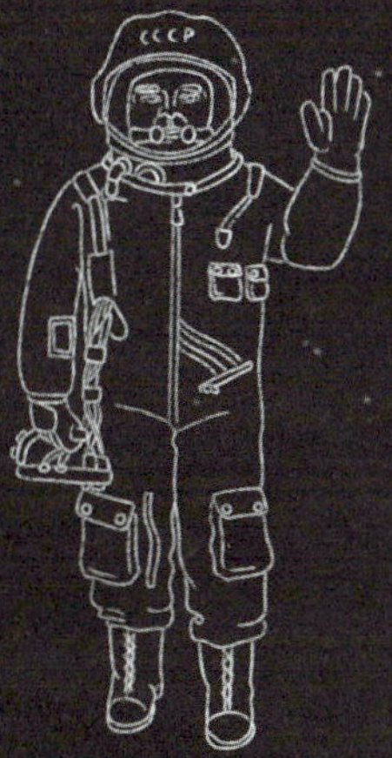

JURI GAGARIN
(1. sowjetischer Kosmonaut und 1. Mensch im Weltraum)

WELTRAUMBAHNHOF

Ein Gelände mit mehreren Raketenstartplätzen. Von hier aus starten Raketen in den Weltraum.

WOSTOK-KAPSEL
(1. sowjetische Raumkapsel)

USA

Mit dem Mercury-Raumfahrtprogramm flogen die ersten Astronauten in den Weltraum.

ALAN SHEPARD
(1. Amerikaner im Weltraum)

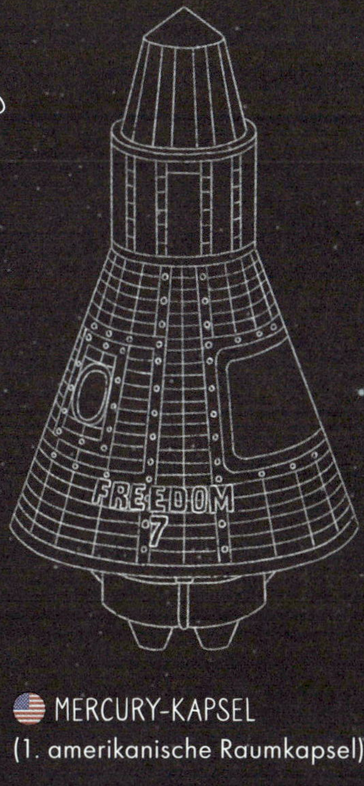

ASTRONAUT ODER KOSMONAUT?

»Raumfahrer« ist der Überbegriff für alle Menschen, die in den Weltraum fliegen. Die Bezeichnung »Astronaut« gilt nur für Raumfahrer, die um die Erde oder zum Mond geflogen sind. In Russland heißen sie »Kosmonaut« (космонавт) und in China »Taikonaut« (太空人).

MERCURY-KAPSEL
(1. amerikanische Raumkapsel)

DIE ERSTEN MENSCHEN

Anfang der 1960er Jahre flogen die ersten Kosmonauten und Astronauten in den Weltraum und in den Erdorbit.

JURI GAGARIN
(1. sowjetischer Kosmonaut)

JOHN GLENN
(1. amerikanischer Astronaut)

JURI GAGARIN

Der Kosmonaut flog am 12. April 1961 als allererster Mensch in den Weltraum. Er umkreiste die Erde ein Mal in 89 Minuten, bevor er wieder landete.

JOHN GLENN

Der Amerikaner John Glenn umrundete am 20. Februar 1962 die Erde und ist damit der erste amerikanische Astronaut.

John Glenns Raumkapsel wurde von Hand mit dem Namen beschriftet, den er für sie ausgesucht hatte: Friendship 7.

WALENTINA TERESCHKOWA

Die Kosmonautin flog am 16. Juni 1963 als erste Frau in den Weltraum. Sie ist auch die einzige Frau, die je allein auf einer Weltraummission war.

Ein anderer Amerikaner, Alan Shepard, flog bereits vor John Glenn in den Weltraum, umkreiste aber nicht die Erde. Die Illustration zeigt die beiden Missionen Schritt für Schritt.

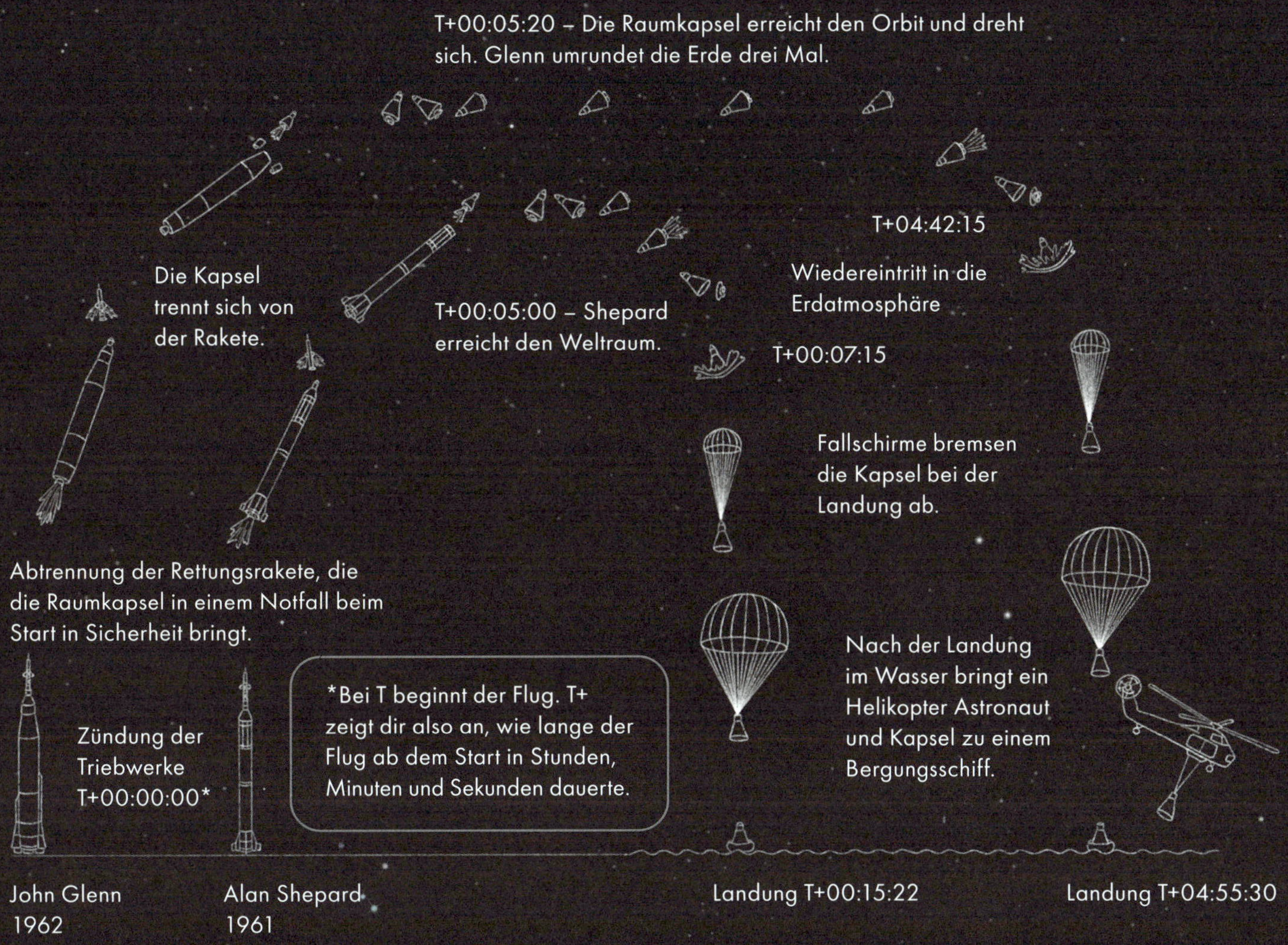

Eine Bäuerin und ihre Enkelin sahen, wie Gagarin landete. Er begrüßte sie mit den Worten: »Keine Angst, ich bin auch ein Sowjet, und ich komme aus dem Weltraum.«

Die Wostok-Rakete brachte die Kosmonauten in den Orbit. Shepard flog mit einer Redstone- und Glenn mit einer Atlas-Rakete.

Die Passagiere der Raumkapseln wagen immer mehr. Einige steigen sogar aus ihren Kapseln aus und schweben im All.

Sie können die Erde von hier aus nun erstmals nicht bloß durch ein kleines Fenster sehen, sondern als Ganzes.

WELTRAUMSPAZIERGÄNGE

1965 verließen Raumfahrer zum ersten Mal im Orbit ihre Raumkapseln und schwebten frei im Weltraum.

ALEXEI LEONOW

Am 18. März 1965 verließ Leonow als Erster seine Raumkapsel im Orbit. Später wurde er Künstler und ließ sich für viele seiner Werke vom Weltraum inspirieren.

EDWARD »ED« WHITE

Am 3. Juni 1965 machte der Astronaut als zweiter Mensch und erster Amerikaner einen Weltraumspaziergang. Er schwebte rund 20 Minuten frei im All.

Die **erste Zeichnung**, die im Weltraum erstellt wurde, zeichnete Leonow nach seinem Weltraumspaziergang: den Sonnenaufgang über der Erde. Dafür nahm er ein Skizzenheft und Buntstifte auf die Mission mit.

WELTRAUMSPAZIERGANG

So heißen die Außenbordeinsätze, bei denen ein Raumfahrer seine Raumkapsel verlässt. Dabei schwebt er jedoch eher, als zu spazieren.

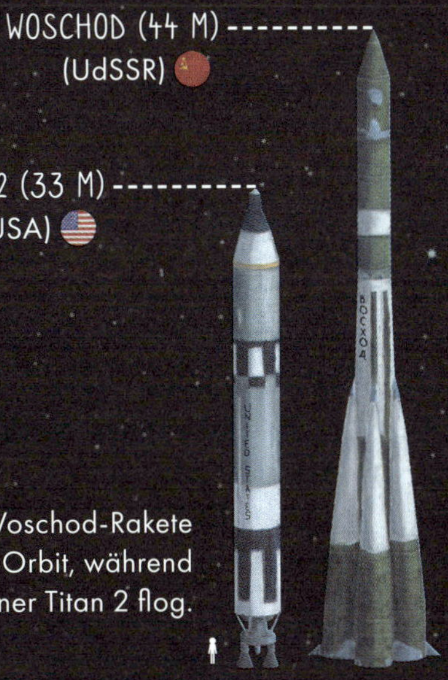

Die sowjetische Woschod-Rakete brachte Leonow in den Orbit, während White in einer Titan 2 flog.

DAS ERSTE MAL ZUM MOND

1968 flogen Astronauten zum ersten Mal zum Mond. Aus dem Mondorbit konnten sie ihn erstmals von Nahem sehen.

Im Servicemodul befinden sich die Elektronik sowie die Sauerstoff- und Treibstofftanks.

DIE ERSTEN TIERE

Am 18. September 1968 flogen mit der sowjetischen Mondsonde Zond 5 zwei Schildkröten als erste Lebewesen einmal um den Mond. Die Schildkröten überlebten den einwöchigen Ausflug unbeschadet.

DIE ERSTEN MENSCHEN

Am 24. Dezember 1968 flogen Frank Borman, William Anders und Jim Lovell mit der Apollo-8-Mission als erste Menschen um den Mond. Sie umrundeten den Mond mehrmals und konnten so auch zum ersten Mal seine Rückseite betrachten.

Dieses Foto, aufgenommen von William Anders, zeigt, wie die Erde über dem Mond aufgeht. Es trägt den passenden Titel *Erdaufgang*.

JAMES »JIM« LOVELL

Lovell ist der Einzige, der zweimal zum Mond geflogen ist, ohne darauf zu landen. Das erste Mal 1968 mit Apollo 8 und das zweite Mal 1970 mit Apollo 13 (S. 28).

Die Astronauten hatten **Kameras** und mehrere Rollen Film dabei, um ihre Missionen zu dokumentieren.

APOLLO-KAPSEL
(Amerikanische Raumkapsel)

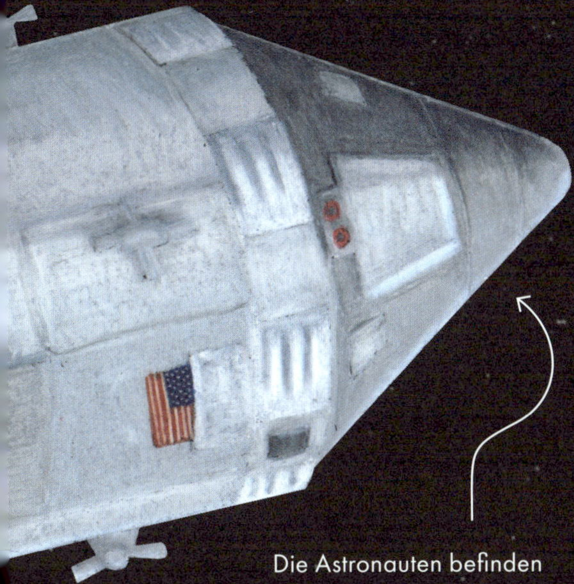

Die Astronauten befinden sich im Kommandomodul.

Da sind sie! Noch nie kamen mir die Menschen so nahe.

Noch kreisen sie in ihren glänzenden Kapseln nur um mich herum, doch das wird sich bald ändern.

Auf der Erde bereiten sich drei Raumfahrer darauf vor, auf mir zu landen und erstmals auf meiner Oberfläche spazieren zu gehen.

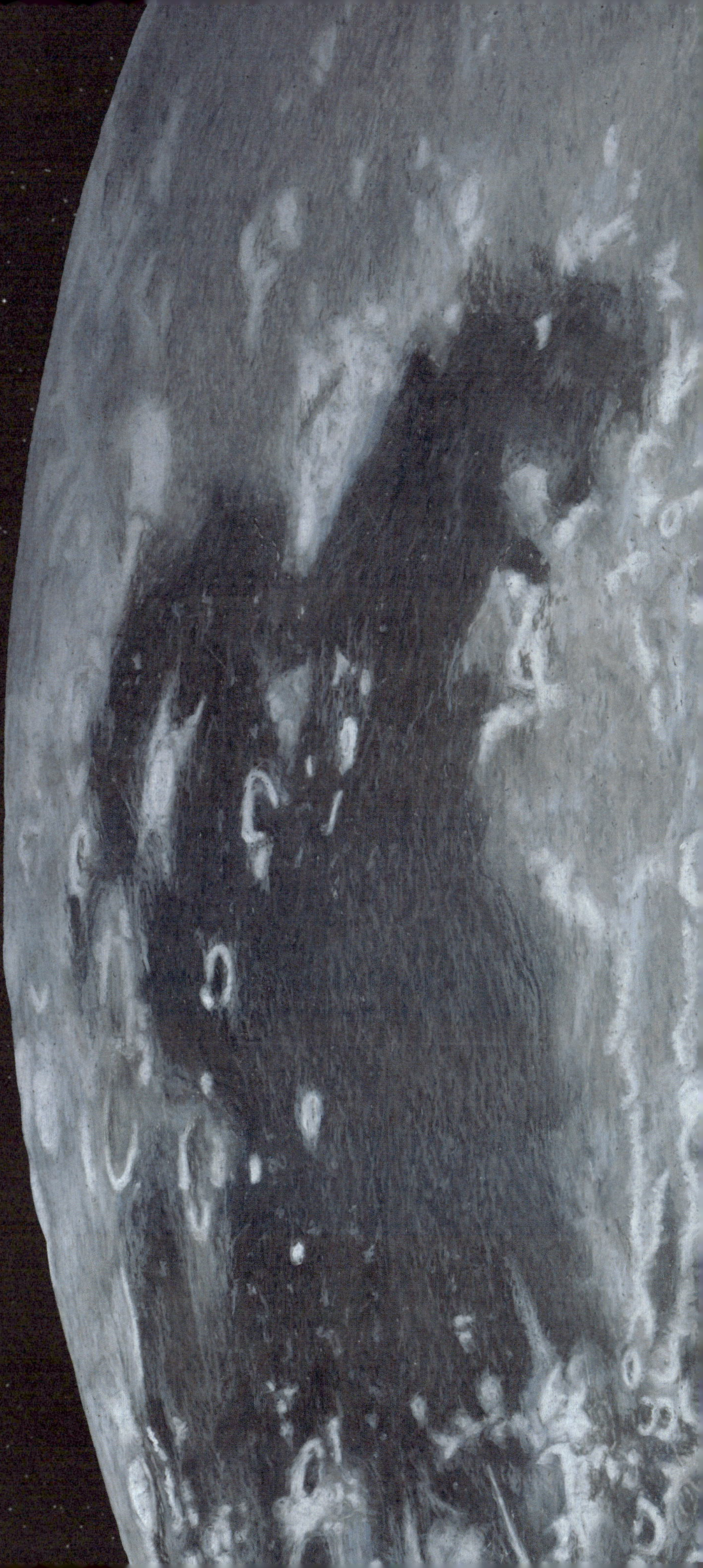

DIE MONDLANDUNG

1969 landete mit Apollo 11 die erste der Apollo-Missionen auf dem Mond. Bis 1972 folgten noch fünf weitere Mondlandungen.

Damit die Fahne ohne Wind »wehen« kann, ist der obere Rand mit einer Metallstange fixiert.

»EIN KLEINER SCHRITT FÜR EINEN MENSCHEN, ABER EIN GROSSER SPRUNG FÜR DIE MENSCHHEIT« ...

NEIL ARMSTRONG
(1. Mensch, der den Mond betritt)

... mit diesen Worten betrat Neil Armstrong am 21. Juli 1969 als erster Mensch den Mond. Buzz Aldrin, der Pilot der Landefähre, folgte ihm kurz darauf. Die beiden verbrachten nicht ganz einen Tag auf dem Mond, davon 2½ Stunden mit speziellen Mond-Raumanzügen außerhalb der Landefähre.

BUZZ ALDRIN
(2. Mensch auf dem Mond)

MONDLANDEFÄHRE

Sie bringt Raumfahrer von der Raumkapsel im Mondorbit hinunter zur Oberfläche. Nach der Mission kann der obere Teil der Landefähre wie eine kleine Rakete starten und zurück zur Raumkapsel fliegen.

Auf dem Mond bekamen die beiden Astronauten einen Anruf vom Präsidenten der USA.

MICHAEL COLLINS

Collins, der dritte Astronaut der Apollo-11-Crew, blieb im Mondorbit und sorgte dafür, dass die Landefähre nach der Rückkehr wieder an die Raumkapsel andocken konnte.

DIE APOLLO-RAUMKAPSEL

Die Raumkapsel besteht aus drei Hauptteilen: der Landefähre, dem Kommando- und dem Servicemodul (Abbildung auf S. 24/25). Mit der Landefähre landen zwei Astronauten auf dem Mond, während der dritte das Kommando- und das Servicemodul im Mondorbit steuert, bis sie zurückkommen.

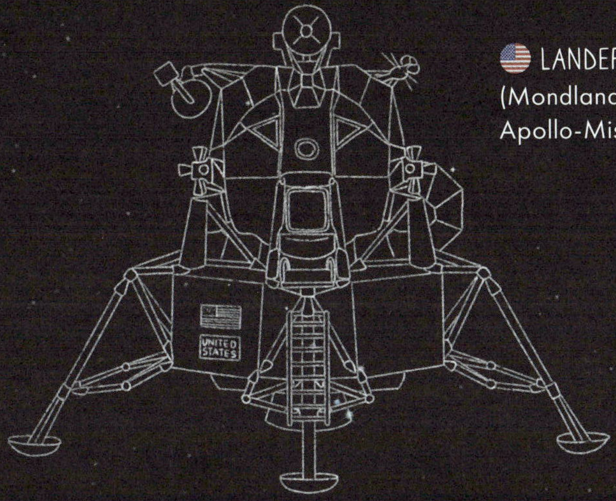

LANDEFÄHRE
(Mondlandefähre der Apollo-Missionen)

Die Apollo-11-Crew nannte ihre Landefähre »Eagle«, was auf Deutsch »Adler« heißt.

SATURN V (III M)
(USA)

Alle Apollo-Missionen starteten mit einer Saturn V, damals die größte je gebaute Rakete.

RAUMANZUG

Schützende Kleidung, die aus mindestens drei Teilen besteht: einer luftdichten Hülle, unter der die Raumfahrerinnen und Raumfahrer kühlende Unterwäsche tragen, einem Helm und einem Koffer oder Rucksack mit Sauerstoff. Je nach Zweck haben Raumanzüge zusätzliche Elemente wie Überschuhe mit Gummisohlen für das Spazieren im Mondstaub.

ZUM ERSTEN MAL …

Auch in den späteren Missionen zum Mond machten die Astronauten noch einige Dinge zum ersten und manchmal zum letzten Mal.

Apollo 13 (1970)

… SO RICHTIG IN SCHWIERIGKEITEN.

Bei einer Explosion im Servicemodul ging ein Teil der Energie- und Sauerstoffvorräte verloren. Die Astronauten konnten nun weder direkt zur Erde zurückfliegen noch auf dem Mond landen. Mit einem riskanten Manöver um den Mond herum schafften sie es, zur Erde zurückzukehren.

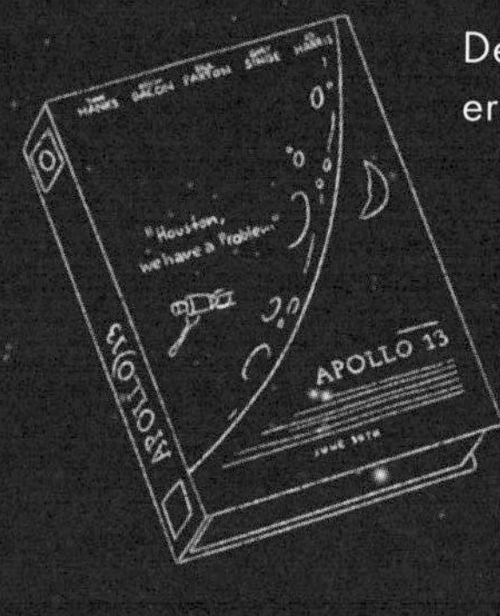

Der Film *Apollo 13* (1995) erzählt diese Geschichte.

Apollo 14 (1971)

… BÄLLE BIS ZUM HORIZONT SPIELEN.

Alan Shepard versteckte einige Golfbälle und einen Schläger zwischen den wissenschaftlichen Instrumenten. Damit spielte er dann als Erster und bisher Einziger Golf auf dem Mond, wenn auch allein und ohne Loch.

Die Golfbälle flogen wegen der geringen Schwerkraft viel weiter als auf der Erde.

Apollo 15 (1971)

… RADSPUREN IM STAUB HINTERLASSEN.

Bei den letzten drei Apollo-Missionen war ein Mondfahrzeug dabei. Damit konnten die Astronauten größere Strecken zurücklegen und mehr Gesteinsproben sammeln als auf vorherigen Missionen zu Fuß. Mit diesen Proben konnten sie den Mond noch besser erforschen.

Das Mondfahrzeug fuhr gerade einmal 10 km/h schnell.

Die Astronauten sind auf dem Weg nach Hause, zur Erde. Zurück bleiben nur ihre Spuren im Staub meiner Oberfläche.

Ihr nächstes Vorhaben, der Bau einer Raumstation, läuft bereits und wird sie für eine Weile beschäftigen.

Zweifellos werden sie jedoch eines Tages zu mir zurückkehren.

Die Crew von Apollo 17 (1972) sind bis heute die letzten Menschen, die auf dem Mond waren.

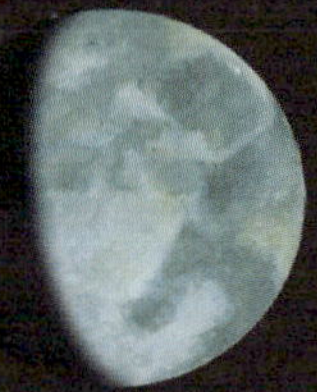

LABORE IM ERDORBIT

In den 1970er Jahren wurden die ersten, noch kleinen Raumstationen im Erdorbit in Betrieb genommen.

Schildkröten verbrachten knapp 90 Tage auf der Saljut-4-Station. Das ist der Rekord für den längsten Aufenthalt von Tieren im Weltraum.

SWETLANA SAWIZKAJA

Sawizkaja war die zweite Frau im Weltraum. Sie machte am 25. Juli 1984 auf der Saljut-7-Raumstation als erste Frau einen Weltraumspaziergang.

SALJUT (1971-1986)

Die erste Raumstation überhaupt war 1971 die sowjetische Saljut 1. Von 1974 bis 1986 wurden noch fünf weitere Saljuts in Betrieb genommen. Von den insgesamt 48 Kosmonautinnen und Kosmonauten, die auf den Stationen arbeiteten, waren zehn aus nichtsowjetischen Ländern wie zum Beispiel Ostdeutschland oder Kuba.

RAUMSTATION

Ein wissenschaftliches Labor im Weltraum, in dem Raumfahrer für mehrere Wochen bis Monate leben und arbeiten können.

PROTON-K (58 M)
(UdSSR)

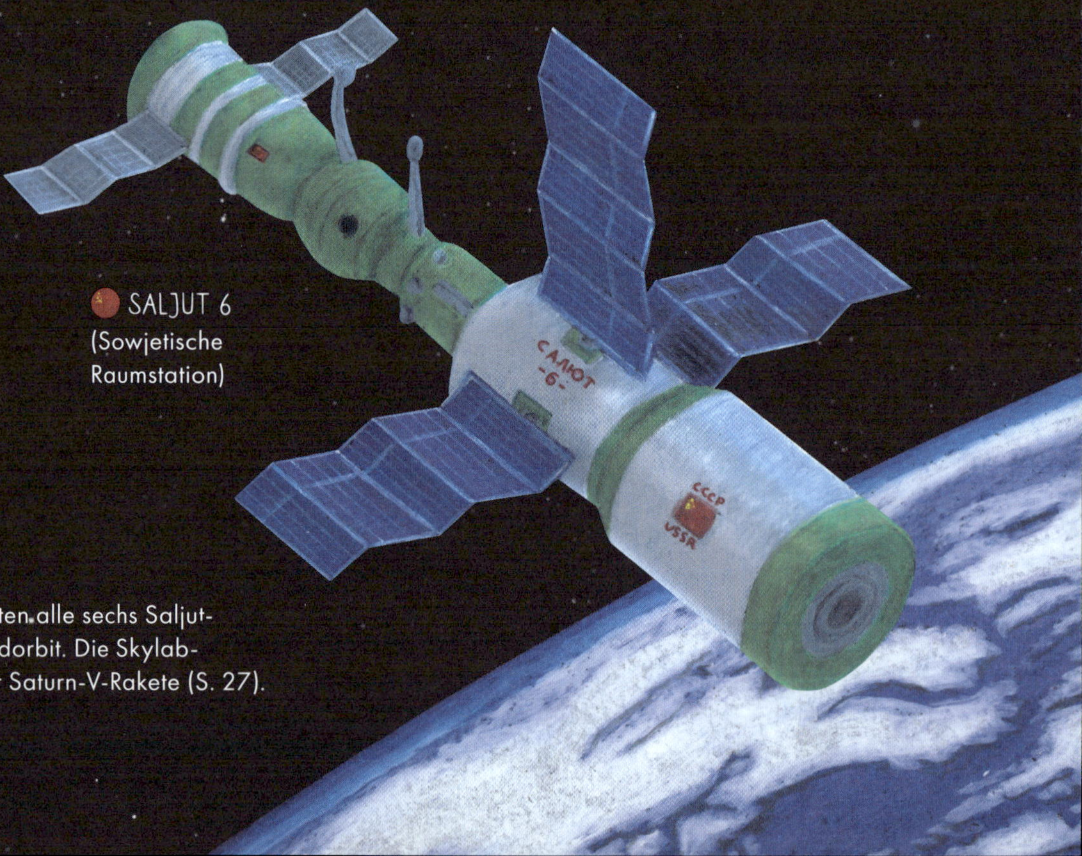

SALJUT 6
(Sowjetische Raumstation)

Proton-K-Raketen brachten alle sechs Saljut-Raumstationen in den Erdorbit. Die Skylab-Station startete auf einer Saturn-V-Rakete (S. 27).

SKYLAB (1973-1974)

Skylab war die erste amerikanische Raumstation im Erdorbit. Auf drei Missionen verbrachten insgesamt neun Astronauten je 28, 59 und 84 Tage auf der Station.

Die **Spinnen** Arabella und Anita bewiesen auf Skylab, dass sie auch in der Schwerelosigkeit Netze spinnen können. Auf der gleichen Mission flogen auch die ersten Fische in den Weltraum.

Mit dreieckigen »Absätzen« vorne an ihren Schuhen konnten sich die Astronauten im Gitterboden der Station fixieren, um bei der Arbeit nicht davonzuschweben.

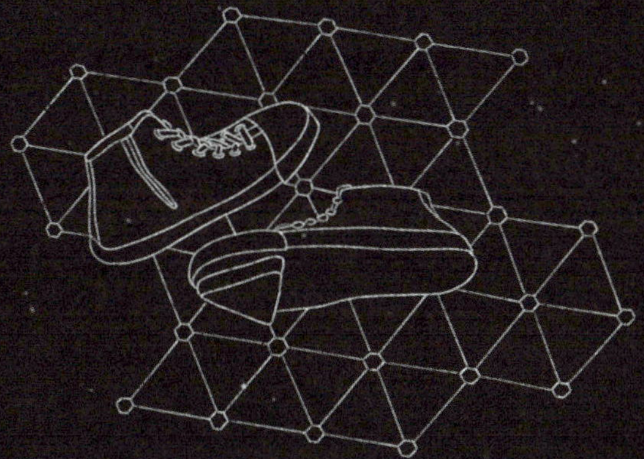

Wenn man sie nicht mehr braucht, werden Raumstationen kontrolliert über dem Ozean zum Abstürzen gebracht und verglühen wie Sternschnuppen in der Atmosphäre. Skylab stürzte allerdings früher als geplant ab und Trümmerteile fielen in Australien auf unbewohntes Land.

Ein historischer Moment ...

Zwei Männer geben sich die Hand. Ein Kosmonaut und ein Astronaut, die für zwei verfeindete Länder stehen.

Dieser Frieden wird nicht für immer halten. Im Moment ist dieser Handschlag jedoch ein Hoffnungsschimmer für die Zukunft der Menschen.

EIN HANDSCHLAG IM WELTRAUM

1975 arbeiteten die USA und die Sowjetunion zusammen am sogenannten »Apollo-Sojus-Test-Projekt«.

EIN HISTORISCHER HANDSCHLAG

Nach jahrelangem Wettstreit entwickelten die USA und die Sowjetunion gemeinsam das »Apollo-Sojus-Test-Projekt«. Dieses bereitete den Weg für spätere internationale Zusammenarbeit wie die Shuttle-Mir-Missionen (S.40) oder die Internationale Raumstation (S.43).

ALEXEI LEONOW
(Sowjetischer Kosmonaut)

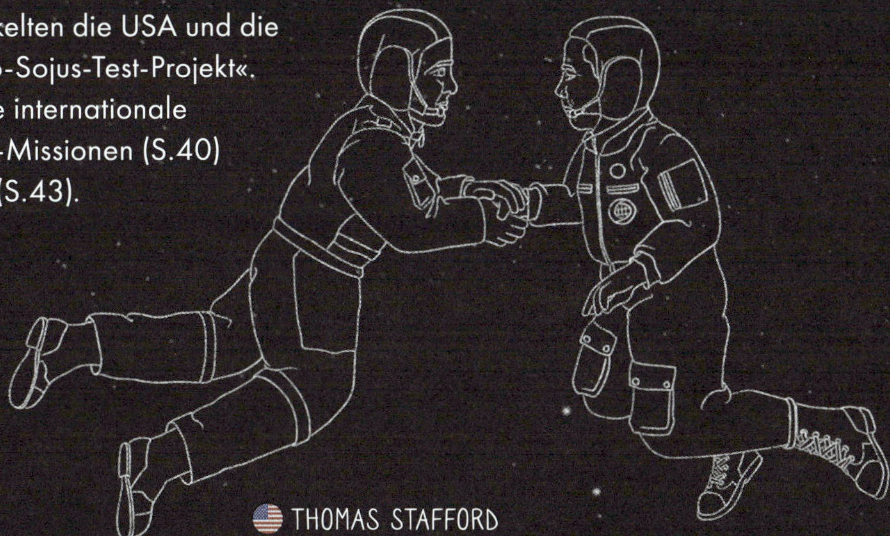

THOMAS STAFFORD
(Amerikanischer Astronaut)

»Sojus-Apollo« auf Russisch

СОЮЗ – АПОЛЛОН
APOLLO – SOYUZ

»Apollo-Sojus« auf Englisch

Während der Mission tauschten die Raumfahrer symbolische **Geschenke**, etwa Fahnen der USA und der Sowjetunion, aus.

SATURN IB (68 M)
(USA)

SOJUS-U (49 M)
(UdSSR)

Die Kosmonauten starteten mit einer Sojus-U in den Weltraum, 7 Stunden später folgten ihnen die Astronauten mit einer Saturn 1B.

DAS SPACE SHUTTLE

Von 1981 bis 2011 flogen Space Shuttles, die ersten teilweise wiederverwendbaren Raumschiffe, in den Weltraum.

Das Space Shuttle Endeavour fängt das erste ISS-Modul (S. 43) ein. Danach verbinden Astronauten das Modul bei einem Weltraumspaziergang mit dem zweiten Modul, das sie mitgebracht hatten.

GROSSE TRANSPORTE

Mit einem 18 m langen Frachtraum kann das Space Shuttle viel größere und schwerere Objekte transportieren als Raketen. Fast alle Teile der Internationalen Raumstation (S. 43) wurden zum Beispiel mit Shuttles in den Orbit gebracht. Außerdem bot es Platz für sieben Raumfahrer.

GÜNSTIGE FLÜGE?

Mit wöchentlichen Space-Shuttle-Flügen wollten die USA die Raumfahrt günstiger machen. Schlussendlich flogen durchschnittlich nur 3 bis 5 Missionen pro Jahr, die deutlich mehr kosteten als geplant. Bis 2011 flogen insgesamt 135 Missionen, danach wurde das Programm unter anderem wegen der hohen Kosten eingestellt.

SPACE SHUTTLE STS (56 M)
(USA)

ULF MERBOLD

Merbold flog 1983 mit dem Space Shuttle Columbia als erster westdeutscher Astronaut in den Weltraum. Sigmund Jähn, der erste Ostdeutsche, flog bereits 1978 auf einer sowjetischen Mission.

Das STS besteht aus mehreren Teilen. Nur der Orbiter, in dem sich die Raumfahrer aufhielten, gelangte in den Erdorbit. Von ihm wurden fünf Modelle gebaut: Columbia, Challenger, Discovery, Atlantis und Endeavour. Sie konnten wie ein Flugzeug landen und waren nach einigen Reparaturen bereit für die nächste Mission.

Seit Kurzem fliegt eine neue Art von Raumschiff um die Erde. Diese Raumschiffe sind viel größer als die kleinen Raumkapseln von früher.

BRUCE MCCANDLESS
(Amerikanischer Astronaut)

VÖLLIG LOSGELÖST

Der Astronaut Bruce McCandless schwebte 1984 als erster Mensch frei im All. Keine Leine verband ihn mit dem Space Shuttle unter ihm. Dafür hatte er einen speziellen Rucksack, mit dem er wie mit einem Jetpack umherfliegen konnte.

CHALLENGER
(Space Shuttle Orbiter)

SALLY RIDE
(1. amerikanische Astronautin)

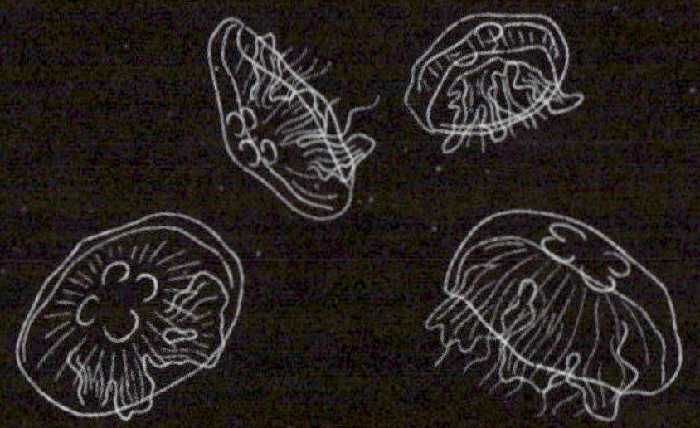

Wissenschaftler untersuchten anhand von Tausenden jungen **Quallen** den Einfluss von Schwerelosigkeit auf unseren Orientierungssinn. Nach ihrem Flug mit dem Space Shuttle Columbia 1991 fiel den »Weltraum-Quallen« das Schwimmen schwerer als ihren Artgenossen, die auf der Erde geblieben sind.

SALLY RIDE

Ride flog am 18. Juni 1983 mit dem Space Shuttle Challenger als erste amerikanische Frau und erste sowie bisher einzige bekannte LGBTQ+-Person in den Weltraum.

CLAUDE NICOLLIER

Nicollier war als bisher einziger Schweizer Astronaut im Weltraum. 1993 und 1999 half er auf zwei Space-Shuttle-Missionen dabei, das Hubble-Weltraumteleskop zu reparieren.

HUBBLE
(Weltraumteleskop)

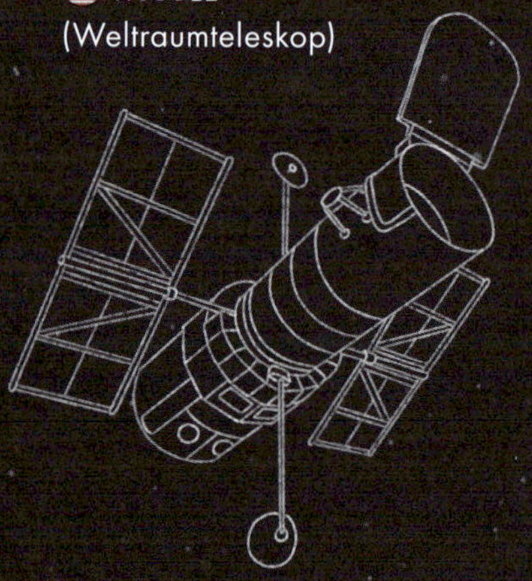

WELTRAUMTELESKOP

Teleskope auf der Erde sind eingeschränkt, da die Atmosphäre entfernte Objekte unscharf macht. Weltraumteleskope, die sich außerhalb der Atmosphäre befinden, können also viel genauere Bilder aufnehmen.

Das bis heute aktive **Weltraumteleskop** Hubble wurde 1990 vom Space Shuttle Discovery in den Erdorbit gebracht. Seit 2021 wird es vom James-Webb-Weltraumteleskop begleitet, dessen Bilder noch detaillierter sind.

Ein Unglück steht bevor. Doch die Menschen sind unwissend. Einige nur ahnen, dass es zur Tragödie kommen muss. Doch auch sie können sie nicht verhindern.

Auf diesen Start warten sie schon seit Monaten gespannt.

Doch schon bald wird von dem Raumschiff und seinen Passagieren nichts mehr übrig sein außer Trümmerteilen und der Erinnerung an große Träume …

Das Space Shuttle Challenger zerbrach am 28. Januar 1986 kurz nach dem Start wegen Materialmängel (mehr dazu auf S. 39).

GEFALLENE HELDINNEN UND HELDEN

Diese 21 Astronautinnen, Astronauten und Kosmonauten verloren durch oder bei Weltraummissionen ihr Leben.

VIRGIL »GUS« GRISSOM

EDWARD »ED« WHITE

ROGER B. CHAFEE

APOLLO I (27. JANUAR 1967)

Die Astronauten starben bei einem Feuer in der Raumkapsel während einer Übung, die noch vor der Mission stattfand.

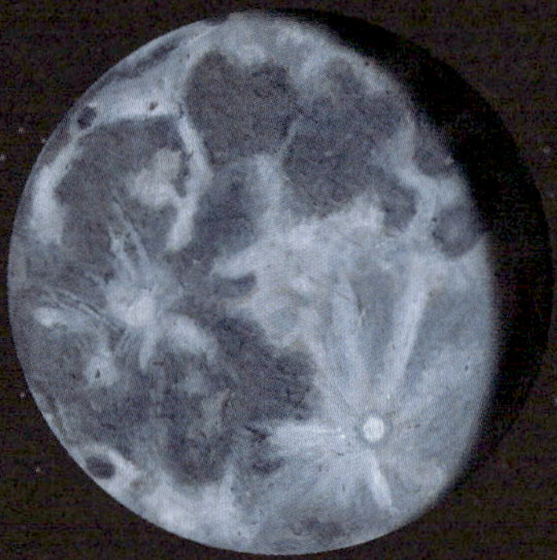

Auch einige der Menschen, die kühn die Erde verließen, kehrten wie die Tiere vor ihnen nie mehr lebend zu ihr zurück.

SOJUS I (24. APRIL 1967)

Bei der Landung der Raumkapsel öffnete sich der Fallschirm nicht. Die Kapsel stürzte ungebremst ab.

WLADIMIR KOMAROW

WIKTOR PAZAJEW WLADISLAW WOLKOW GEORGI DOBROWOLSKI

SOJUS II (30. JUNI 1971)

Beim Wiedereintritt in die Atmosphäre entwich durch ein undichtes Ventil Luft aus der Raumkapsel. Die drei Kosmonauten erstickten.

McAuliffe sollte als erste Lehrerin eine Unterrichtsstunde aus dem Weltraum halten.

CHRISTA MCAULIFFE GREGORY JARVIS RONALD MCNAIR

ELLISON ONIZUKA MICHAEL »MIKE« SMITH FRANCIS »DICK« SCOBEE JUDITH RESNIK

Ein Fußball seiner Tochter, den Onizuka dabeihatte, überstand die Explosion. 30 Jahre später nahm ein anderer Astronaut ihn mit zur ISS.

STS-51-L (28. JANUAR 1986)

Das Space Shuttle Challenger explodierte kurz nach dem Start wegen spröder Dichtungen am Treibstofftank.

LAUREL CLARK WILLIAM C. MCCOOL DAVID BROWN

Ramon flog auf der Mission als erster Israeli in den Weltraum.

MICHAEL P. ANDERSON RICK HUSBAND KALPANA CHAWLA ILAN RAMON

STS-107 (1. FEBRUAR 2003)

Das Space Shuttle Columbia brach beim Landeanflug wegen eines beschädigten Flügels auseinander.

Die Columbia Hills sind eine Hügelkette auf dem Mars. Jeder der sieben Hügel wurde nach einem dieser sieben Astronautinnen und Astronauten benannt.

MIR-RAUMSTATION

Die russische Mir, die erste der neuen, größeren Raumstationen, war von 1986 bis 2000 in Betrieb.

Ein Space Shuttle dockt an die Mir an, damit die Raumfahrer aussteigen können.

AUFBAU IM WELTRAUM

Anders als die Saljut- und Skylab-Raumstationen (S. 30/31) wurde die Mir nicht als ganzes Stück in den Weltraum gebracht. Sie bestand aus einzelnen Modulen, die die Räume der Station bildeten und nach und nach im Erdorbit zusammengesetzt wurden.

Mit dem **Shuttle-Mir-Programm** flogen amerikanische und russische Raumfahrer und Raumfahrerinnen auf gemeinsamen Missionen in den Weltraum und zur Mir-Raumstation.

TOYOHIRO AKIYAMA

Akiyama flog 1990 als erster Japaner und erster Journalist in den Weltraum. Während seiner Mission berichtete er live von der Mir-Raumstation.

Akiyama nahm einige **Japanische Laubfrösche** mit zur Raumstation.

GESTRANDET IM ORBIT

Der Kosmonaut Sergei Krikaljow befand sich während des Zusammenbruchs der Sowjetunion auf der Mir. Da sich viele Teile der russischen Raumfahrtbehörde nun plötzlich nicht mehr auf russischem Staatsgebiet befanden, verzögerte sich sein Rückflug um einige Monate.

SOWJETUNION (UDSSR)

Ehemaliger Staat in Osteuropa und Asien, der auch UdSSR genannt wurde. Die Sowjetunion wurde 1991 aufgelöst und in 15 einzelne Länder wie z.B. Russland, Ukraine oder Usbekistan aufgeteiltv.

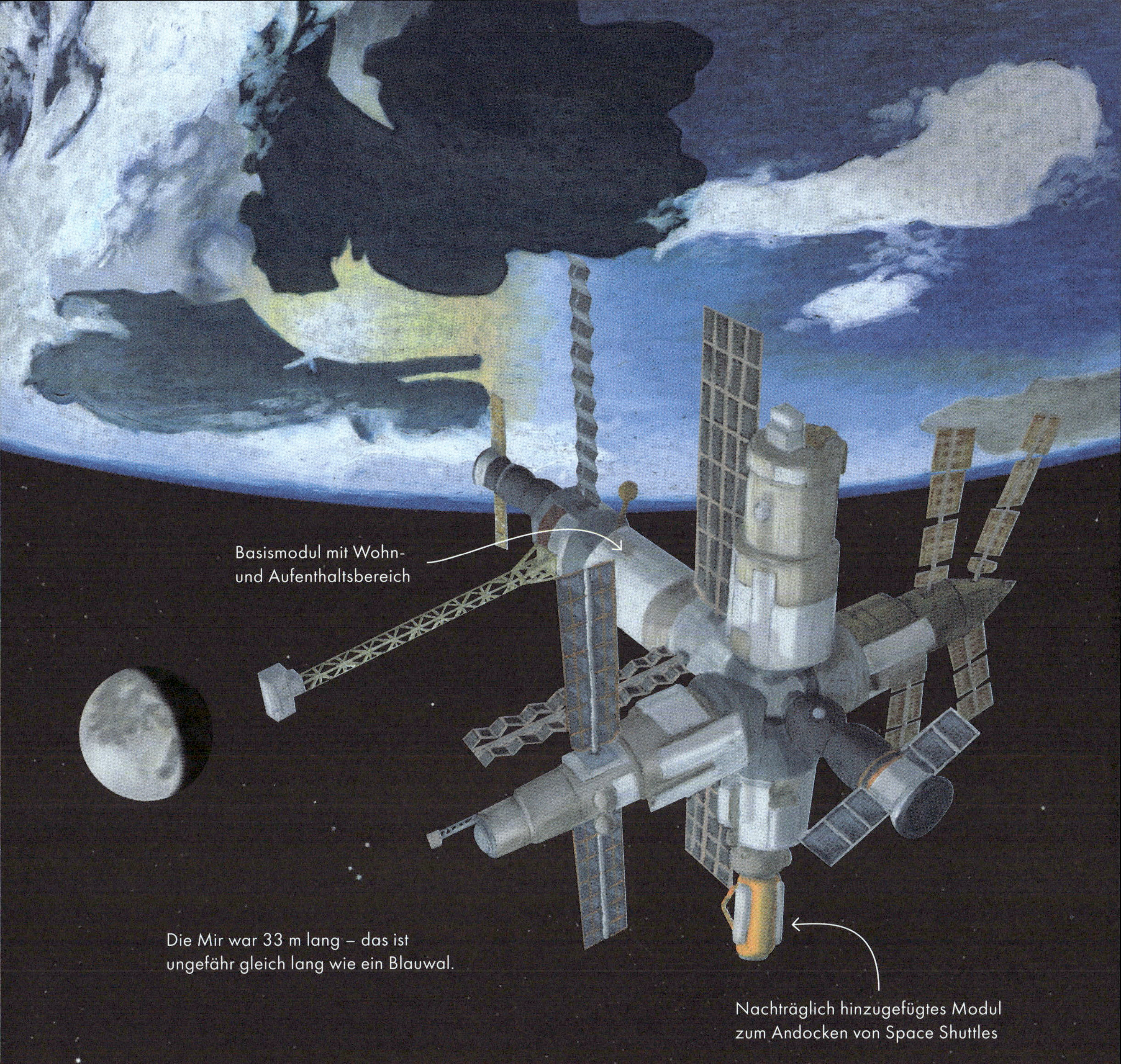

Immer neue Raumstationen kreisen mit mir um die Erde, und sie werden immer größer und komplexer.

Doch die größte von ihnen, die Raumstation, die all ihre Vorgängerinnen in den Schatten stellt, wird erst noch gebaut …

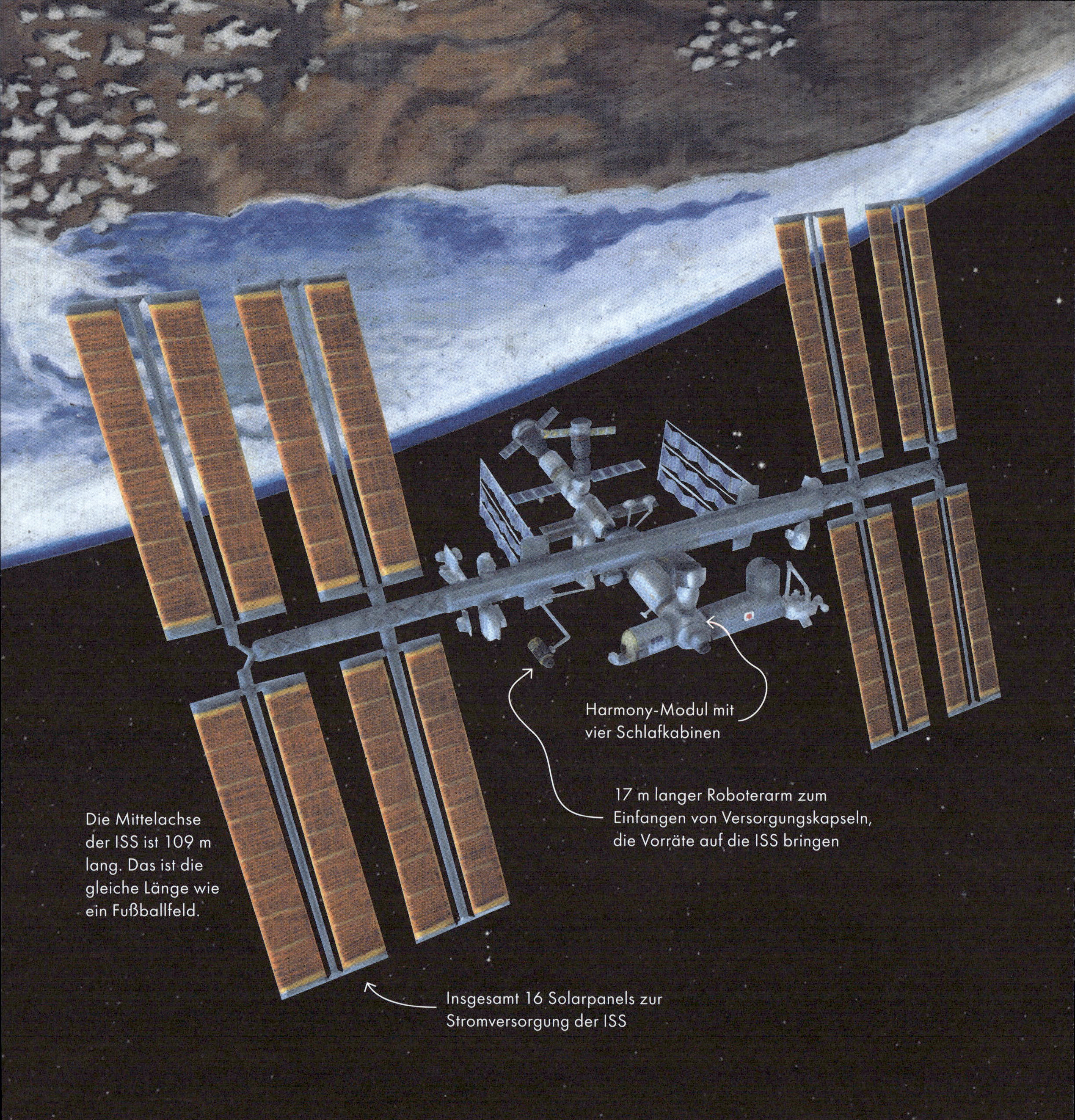

Diese Raumstation ist die beeindruckendste ihrer Art. In ihr sehe ich Menschen aus vielen Teilen der Erde zusammenarbeiten.

INTERNATIONALE RAUMSTATION

Die Internationale Raumstation, kurz ISS, ist das größte Objekt, das die Menschen je im Weltraum gebaut haben.

Am frühen Morgen oder Abend ist die ISS manchmal als heller Punkt sichtbar, der sich über den Himmel bewegt.

SCHWEBENDES CHAOS

Um zu verhindern, dass sie in der Schwerelosigkeit frei herumfliegen, müssen alle Gegenstände in der Raumstation befestigt werden. Dafür gibt es auf der ISS einige Hilfsmittel und Vorrichtungen.

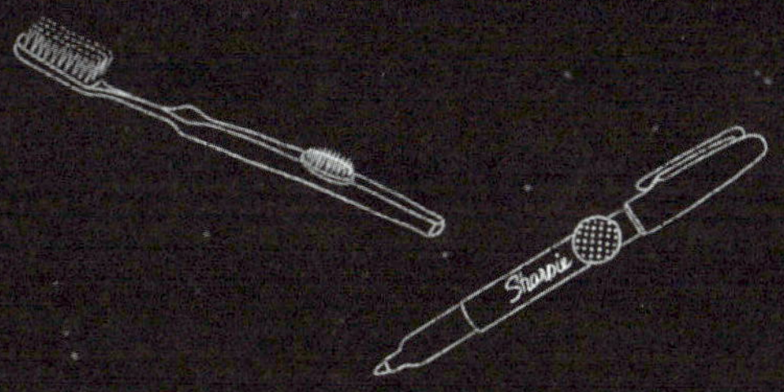

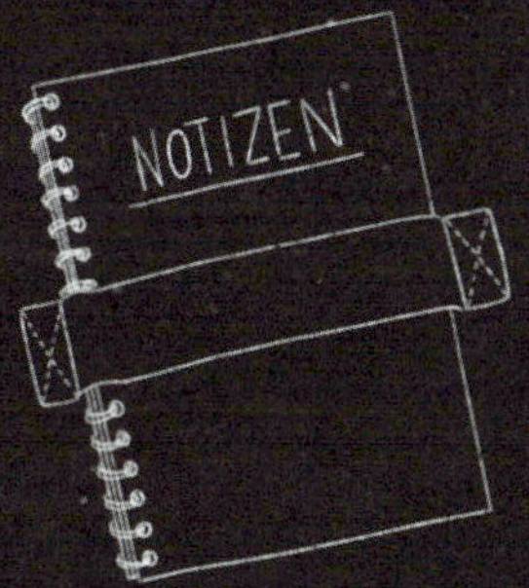

Unter **elastischen Bändern** an Wänden und auf Oberflächen können Gegenstände wie Notizbücher fixiert werden.

Kleine Gegenstände wie Stifte oder Zahnbürsten haben **Klettpunkte**, mit denen man sie an den vielen Klettbändern ankletten kann, die auf der Station und sogar den Hosen der Raumfahrerinnen und Raumfahrer verteilt sind.

ANDREAS MOGENSEN
(1. Däne im Weltraum)

Dank **Haltegriffen** können sich Raumfahrer leichter auf der Station fortbewegen. Wollen sie stehen bleiben, können sie sich mit den Füßen unter den Griffen einhaken.

SCHWERELOSIGKEIT

Ohne die Schwerkraft würde auf der Erde alles frei herumschweben, es wäre also »schwerelos«. Die ISS wird zwar noch von der Schwerkraft der Erde angezogen, aber gleichzeitig von der Fliehkraft weggedrückt, wodurch in und um die Station ebenfalls ein Zustand der Schwerelosigkeit entsteht.

Elastische Bänder unten an den Hosenbeinen sorgen dafür, dass diese nicht hochrutschen.

NASA

»National Aeronautics and Space Administration« (Nationale Luft- und Raumfahrt-Behörde der USA)

»Canadian Space Agency – Agence spatiale canadienne« (Kanadische Weltraum-Behörde)

esa

»European Space Agency« (Europäische Raumfahrtbehörde)

ROSCOSMOS

Russische Raumfahrt-Behörde »Roskosmos«

»Japan Aerospace Exploration Agency« (Japanische Weltraum-Forschungs-Behörde)

JAXA

INTERNATIONAL

Die Abkürzung ISS steht für den englischen Namen der Station, »International Space Station«. An der Raumstation sind 15 Länder und 5 Raumfahrtbehörden (links zu sehen) beteiligt. Bis 2024 haben bereits mehr als 280 Raumfahrer und Raumfahrerinnen aus mehr als 25 Ländern auf der Raumstation gearbeitet.

SAMANTHA CRISTOFORETTI

Cristoforetti flog 2014 als erste Italienerin in den Weltraum. 2022 übernahm sie als erste europäische Frau das Kommando der Internationalen Raumstation.

ESA

Die Europäische Raumfahrtbehörde ESA ist ein Zusammenschluss aus aktuell 22 europäischen Ländern.

ARIANE 5 (59 M)
(Frankreich, ESA)

Ariane 5, die leistungsfähigste Rakete der ESA, war bis 2023 im Einsatz. Sie war nur auf unbemannte Flüge ausgelegt.

Erkennst du alle ESA-Mitgliedsländer an ihren Fahnen?

SAMANTHA CRISTOFORETTI
(1. italienische Astronautin)

ÜBERBLICKSEFFEKT

Den Überblickseffekt beschreiben viele Raumfahrerinnen und Raumfahrer, die die Erde aus dem Weltraum betrachtet haben. Sie sehen die Erde als Ganzes, denn von oben sind keine Landesgrenzen sichtbar. Sie erkennen die Schönheit des Planeten und begreifen, wie wichtig es ist, ihn zu schützen.

DER ALLTAG AUF DER ISS

Auf der Internationalen Raumstation gibt es für die Raumfahrerinnen und Raumfahrer so einiges zu tun und zu sehen.

ARBEITEN

Den Großteil des Tages verbringen die Raumfahrerinnen mit Arbeiten. Dabei führen sie wissenschaftliche Experimente durch, machen Wartungsarbeiten an der Station oder drehen Videos, um ihre Arbeit den Menschen auf der Erde zu erklären.

Auf Weltraumspaziergängen reparieren Raumfahrer die Station oder montieren neue Teile.

THOMAS PESQUET
(Französischer Astronaut)

Auf der ISS konnten bereits einige Pflanzen erfolgreich angebaut werden, darunter ein kleiner Chilistrauch.

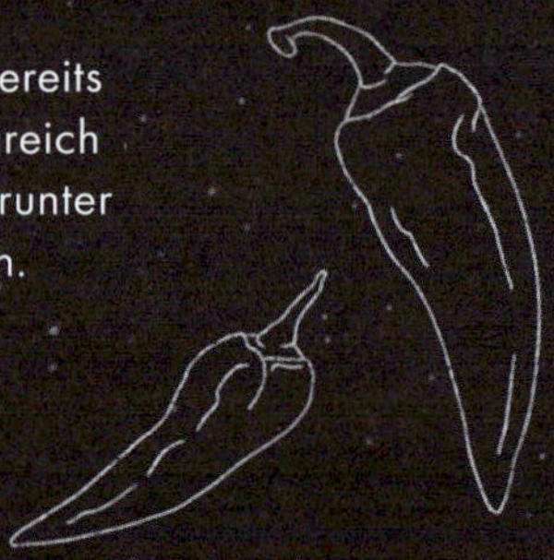

EXPERIMENTE

In verschiedenen Experimenten untersuchen die Raumfahrerinnen zum Beispiel die Auswirkungen der Schwerelosigkeit auf ihren Körper oder testen, wie man Pflanzen in der Raumstation anbauen kann.

In der Schwerelosigkeit lastet kein Gewicht auf der Wirbelsäule, sodass diese weniger zusammengedrückt wird und die Raumfahrer nach längeren Aufenthalten im Weltraum bis zu 5 cm größer sind als zuvor.

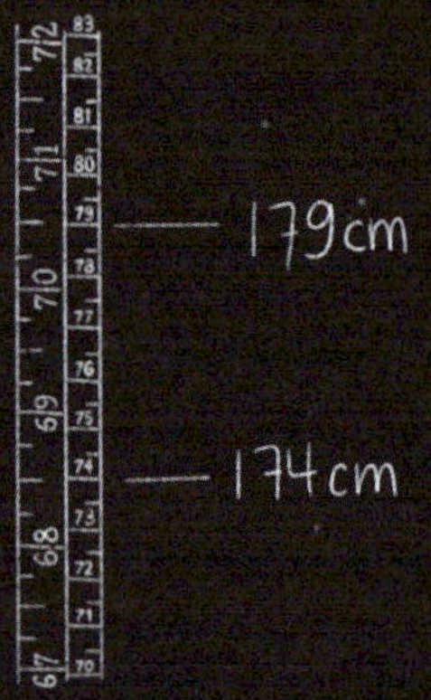

Wegen der Schwerelosigkeit sammelt sich mehr Blut im Kopf. Durch den erhöhten Druck auf den Sehnerv verschlechtert sich die Sicht der Raumfahrerinnen.

Raumfahrerinnen und Raumfahrer mit langen Haaren binden diese meist zusammen, sonst verteilen sie sich in alle Richtungen.

WASCHEN

Wasser ist eine knappe Ressource auf der Raumstation. Deshalb werden alle Flüssigkeiten, von Schweiß bis Urin, gesammelt und daraus frisches Wasser gemacht, das zum Trinken und Waschen gebraucht wird.

YI SO-YEON
(1. südkoreanische Person im Weltraum)

Die Haare werden mit einem Trockenshampoo gewaschen, das mit sehr wenig Wasser angewendet werden kann.

Da es auf der ISS keine Dusche gibt, waschen sich die Raumfahrer mit feuchten Handtüchern und Seife.

PUTZEN

Die Raumfahrer müssen die Raumstation regelmäßig aufräumen und putzen, weil sich Staub und Dreck in der Schwerelosigkeit überall verteilen und wichtige Instrumente verschmutzen können. Deshalb ist auf der ISS jeden Samstag Putz- und Aufräumtag.

TOILETTE

Auf der ISS gibt es 3 WC-Kabinen, in denen es zwei unterschiedliche Vorrichtungen gibt, die speziell für den Weltraum entwickelt wurden.

Für das kleine Geschäft gibt es einen Schlauch mit einem Trichter. Der Urin wird eingesaugt und zum Recyceln gesammelt.

Für das große Geschäft gibt es eine Sitztoilette mit Gurten. Der Kot wird in Behältern gesammelt, die in leeren Versorgungskapseln entsorgt werden.

FREIZEIT

Nach Feierabend haben die Raumfahrer etwas Zeit für sich, um mit der Familie zu telefonieren, die Aussicht zu genießen oder Hobbys nachzugehen.

Die Cupola (S. 45) ist das italienische Aussichtsmodul. Durch die großen Fenstern können die Raumfahrerinnen die Erde betrachten und Fotos machen.

CHRIS HADFIELD
(Kanadischer Astronaut)

Einige Raumfahrerinnen nehmen Musikinstrumente mit auf die Station.

TIMOTHY »TIM« PEAKE
(Britischer Astronaut)

Peake nahm 2016 von der ISS aus am London Marathon teil. Damit seine Füße auf dem Laufband bleiben, ist er mit elastischen Bändern am Boden festgemacht. 2007 nahm die Amerikanerin Sunita Williams auf dieselbe Weise bereits am Boston Marathon teil.

Dieses Dinoplüschtier nähte US-Astronautin Karen Nyberg auf der ISS aus altem Stoff.

SPORT

Ein längerer Aufenthalt in der Schwerelosigkeit schwächt den Körper. Darum müssen die Raumfahrerinnen täglich auf speziell angefertigten Sportgeräten trainieren.

🔴 KŌICHI WAKATA
(Japanischer Astronaut)

Auf der Raumstation ist es hell und laut, wie in einem Flugzeug. Schlaftabletten, Ohrstöpsel und Masken helfen beim Schlafen.

SCHLAFEN

Die Schlafkabinen auf der ISS bieten gerade genug Platz für einen Schlafsack, einen Laptop und ein paar persönliche Gegenstände.

Die Schlafsäcke sind an der Wand befestigt, damit die Raumfahrer beim Schlafen nicht umherschweben.

ESSEN UND TRINKEN

Die Raumfahrer dürfen ihre Mahlzeiten für die Mission selbst zusammenstellen, diese werden dann vorbereitet und haltbar gemacht. Auf der ISS können sie mit Wasser zubereitet oder im Ofen aufgewärmt werden.

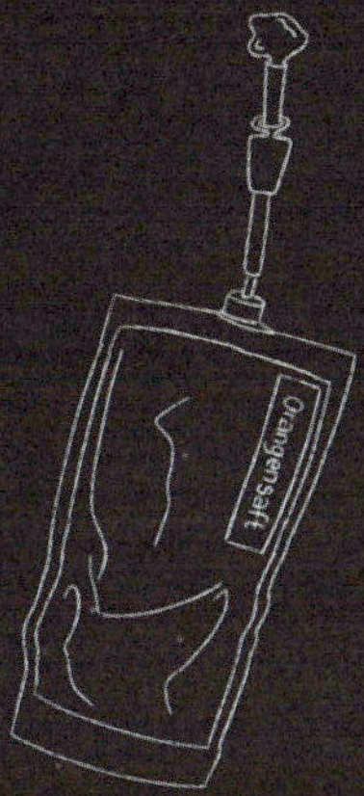

Getrunken wird aus Beuteln mit Röhrchen, die ein bisschen wie Weltraum-Capri-Suns aussehen.

ALEXANDER GERST
(Deutscher Astronaut)

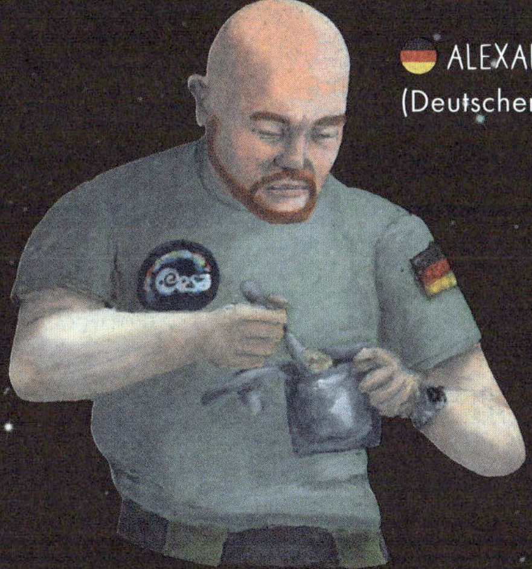

Gegessen wird meistens direkt aus den Beuteln oder Dosen, in denen das Essen aufgewärmt wurde.

Wegen der Schwerelosigkeit haben die Raumfahrerinnen ständig eine verstopfte Nase. Ihr Essen hat für sie deswegen weniger Geschmack, wie bei einer Erkältung. Scharfes Essen, wie dieser Taco mit selbst angebauten Chilis, ist deshalb sehr beliebt.

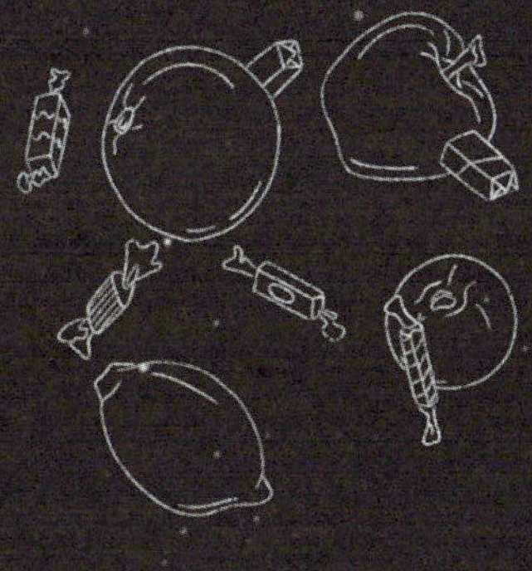

Versorgungskapseln bringen regelmäßig frisches Obst und Gemüse sowie Süßigkeiten zur Raumstation.

TIANGONG-RAUMSTATION

Die chinesische Raumstation Tiangong ist seit 2021 aktiv und besteht wie die ISS und die Mir (S. 40) aus mehreren Modulen.

LIU YANG

Yang flog 2012 als erste Taikonautin in den Weltraum, neun Jahre nachdem Yang Liwei als erster Chinese überhaupt im Orbit war. 2022 flog sie zur Tiangong-Raumstation.

Zunächst hatte China zwei kleinere Raumstationen, Tiangong-1 und Tiangong-2, die in Form und Größe Saljut und Skylab (S. 30/31) ähnelten.

CHINA

1970 startete China seinen ersten eigenen Satelliten. Heute hat es, neben Russland, den USA und der ESA, eines der größten Raumfahrtprogramme.

CHANG ZHENG 2F (62 M)
(China)

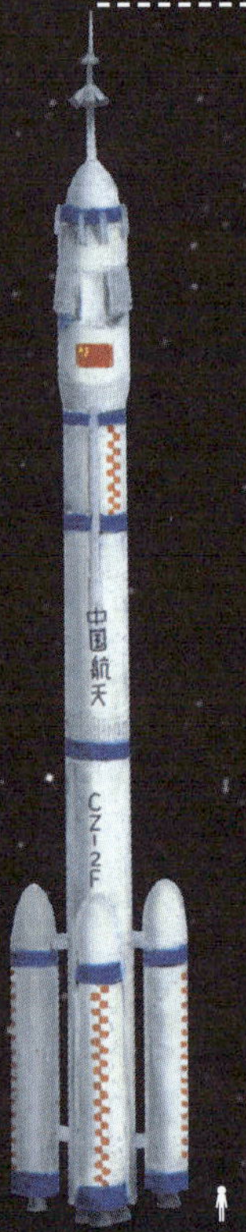

Chang Zheng 2F, auf Deutsch »Langer Marsch 2F«, ist die einzige bemannte Rakete Chinas.

Wie die ISS (S. 43) ist auch die Tiangong-Raumstation von bloßem Auge am Himmel sichtbar.

Die Tiangong ist mit einer Länge von 55 m etwas größer als die Mir-Raumstation (S. 40).

Eine weitere Raumstation hat sich meinem Flug um die Erde angeschlossen.

Ihr Name bedeutet »himmlischer Palast« in der Sprache ihrer Erbauer.

Neben den Satelliten und Raumstationen der Menschen leisten mir auch noch andere Objekte Gesellschaft.

Kleine Gesteinsbrocken, die durchs All fliegen und manchmal von der Schwerkraft der Erde eingefangen werden.

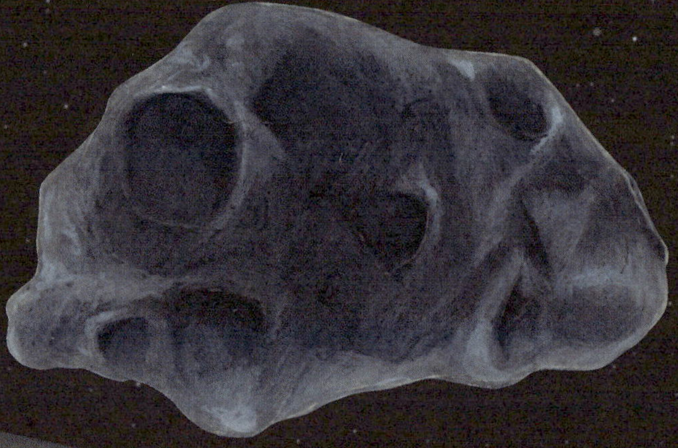

QUASISATELLIT

Die Erde hat mehrere sogenannte Quasisatelliten. Das sind Asteroiden, die die Erde auf ihrer Umlaufbahn um die Sonne begleiten. Der 2016 entdeckte Quasisatellit Kamo'oalewa begleitet die Erde schon seit über 100 Jahren und ist vermutlich ein Teil unseres Mondes, der bei einem Meteoriteneinschlag abgesplittert ist.

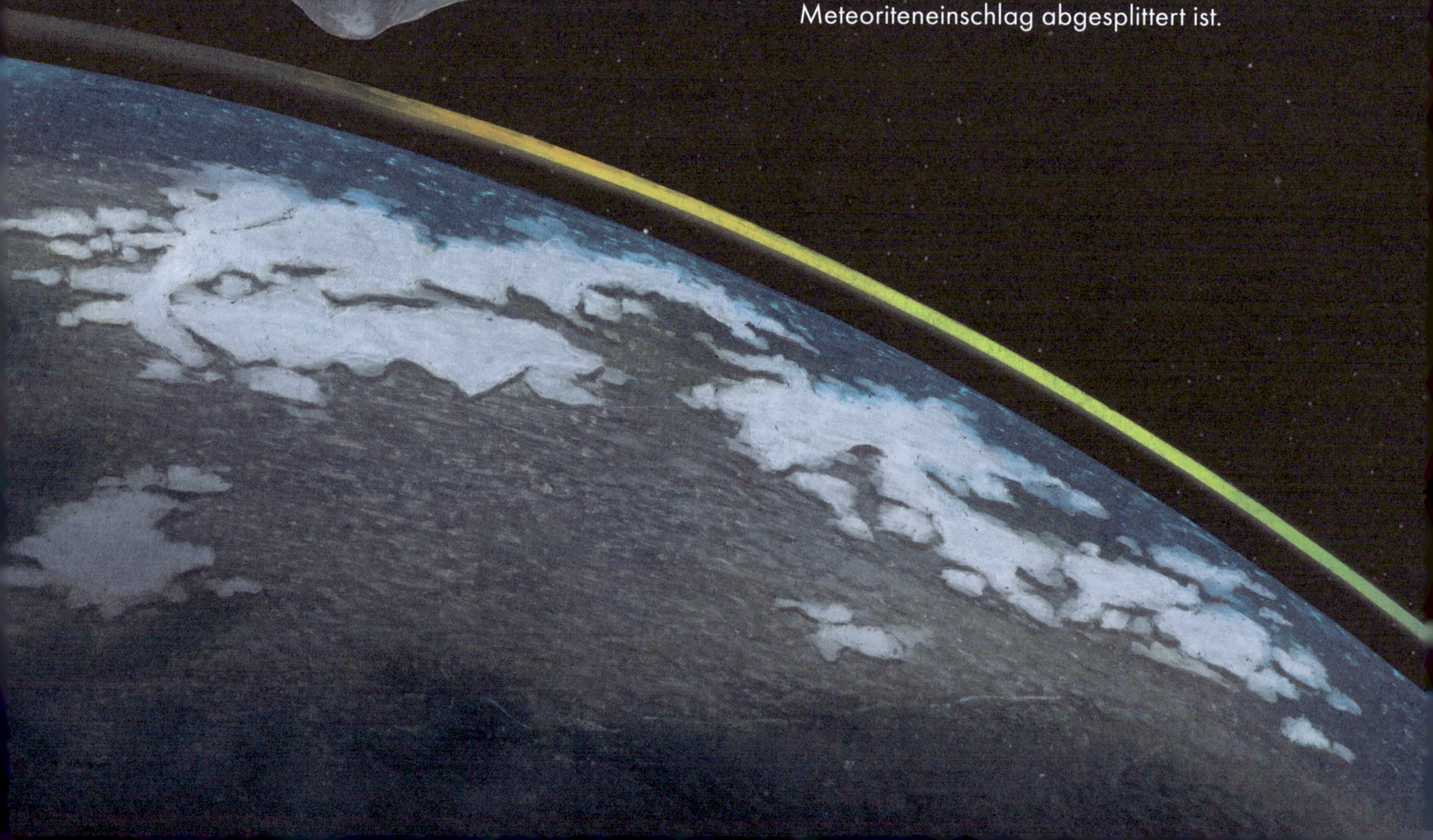

ASTEROID, METEOROID & CO.

Neben Planeten und Monden befinden sich auch noch viele andere, kleinere Himmelskörper im Weltall.

ASTEROID

Asteroiden sind Brocken aus Gestein und Metall, die durch das Weltall fliegen. Einige von ihnen haben einen Durchmesser von mehreren hundert Kilometern.

ASTEROID

METEOROID

Ein **Meteoroid** ist ein kleiner Asteroid, dessen Durchmesser nur wenige Meter misst.

METEORIT

Ein **Meteorit** ist ein Meteoroid oder Asteroid, der auf der Erde einschlägt. Die Krater, die dabei entstehen, können einen Durchmesser von mehreren hundert Kilometern haben. Aber die allermeisten Meteoriten sind klein und hinterlassen, wenn überhaupt, nur sehr kleine Krater.

Ein **Meteor** ist die Leuchtspur, die entsteht, wenn ein Meteoroid beim Eintritt in die Atmosphäre verglüht. Meteore werden auch Sternschnuppen oder Boliden genannt.

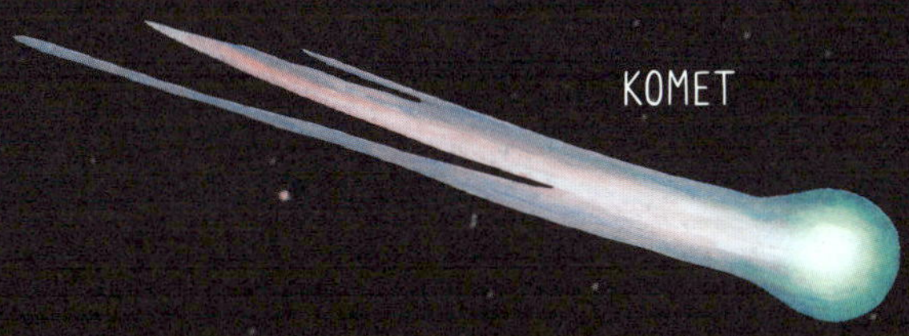

KOMET

Kometen sind ähnlich wie Asteroiden, bestehen aber zusätzlich aus großen Mengen an Eis und verschiedenen Gasen. Dank ihres leuchtenden Schweifs, der mehrere hundert Millionen Kilometer lang sein kann, sind sie manchmal von bloßem Auge am Nachthimmel zu erkennen.

DIE MONDE DES SONNENSYSTEMS

In unserem Sonnensystem gibt es fast 300 bekannte Monde. Vermutlich existieren aber noch viel mehr, die noch nicht entdeckt wurden.

Meine Geschwister sind im ganzen Sonnensystem verstreut und kreisen um andere Planeten.

Einige Planeten haben keine eigenen Monde, …

… andere dagegen so viele, dass die Menschen bis heute immer wieder neue entdecken.

Der Merkur und die Venus haben beide keine Monde. Mit über 140 bekannten Monden hat der Saturn die meisten. Darunter ist Titan, der einizge bekannte Mond mit einer Atmosphäre.

Es gibt große Monde ...

Der größte Mond ist der Jupitermond Ganymed mit einem Durchmesser von 5262 km. Unser Erdmond ist zwar kleiner, ist aber ein Viertel so groß wie die Erde und damit der größte Mond im Verhältnis zu seinem Planeten.

JUPITER

GANYMED

... und kleine Monde.

MARS

Der Marsmond Deimos hat eine längliche Form und ist nur 15 km lang. Einige Monde des Saturn sind sogar noch kleiner, so wie der knapp 4 km große Fenrir.

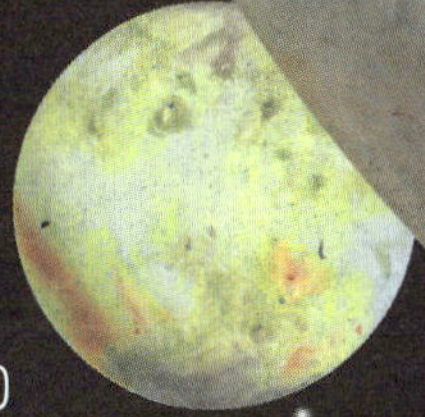

IO

DEIMOS

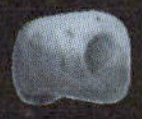

Auf einigen von ihnen ist es glühend heiß ...,

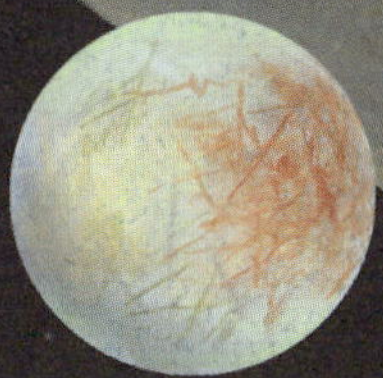

EUROPA

... auf anderen eisig kalt.

Auf Triton, einem Eismond des Neptuns, ist es durchschnittlich -235 °C kalt. Richtig heiß ist es dagegen in den Vulkanen des Jupitermondes Io, wo Temperaturen von über 1500 °C gemessen wurden.

Und auf einigen könnten sogar Lebensformen existieren.

TRITON

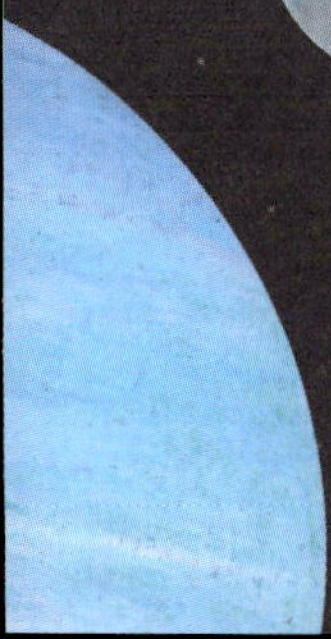

Der Saturnmond Enceladus und der Jupitermond Europa haben beide flüssiges Wasser unter ihrer vereisten Oberfläche. Die große Entfernung erschwert die genauere Erforschung der Monde, aber Wissenschaftler vermuten, dass dort Mikroorganismen, also winzig kleine Lebewesen wie Bakterien, leben könnten.

Die Himmelskörper sind auf dieser Doppelseite nicht im korrekten Größenverhältnis dargestellt.

GROSSE PLANETARE RUNDREISE

In den 1970er Jahren sendete die USA Raumsonden zu den äußeren Planeten unseres Sonnensystems, um sie und ihre Monde zu erforschen.

EINE WEITE REISE

Die beiden Voyager-Planetensonden begannen die Erforschung der äußeren Planeten 1977 und sind bis heute aktiv. Seit 2012 erforscht Voyager 1 das Weltall außerhalb unserer Planeten. Voyager 1 ist damit das am weitesten von der Erde entfernte Objekt, das von Menschen gebaut wurde.

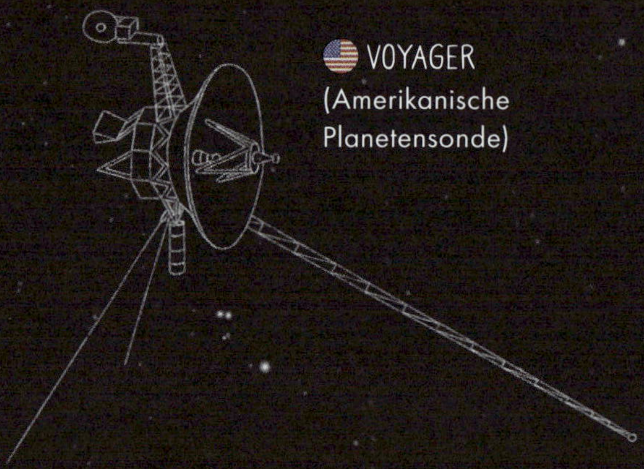

VOYAGER
(Amerikanische Planetensonde)

SONNE
Gelber Zwergstern

Die Illustration zeigt die Stationen der Voyager-1- (V1) und Voyager-2- (V2) Sonden auf ihrer Reise durch unser Sonnensystem.

SATURN
Gasriese
V1: 1980
V2: 1981

MERKUR
Gesteinsplanet

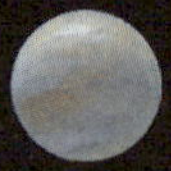

VENUS
Gesteinsplanet

ERDE
Gesteinsplanet
1977, Start der beiden Sonden

MARS
Gesteinsplanet

CERES
Zwergplanet

JUPITER
Gasriese
V1: 1979
V2: 1979

Nach Saturn trennten sich die Wege der beiden Sonden. Voyager 1 flog nicht mehr nah genug an einem Planeten vorbei, um ihn zu erforschen.

Die Himmelskörper sind auf dieser Doppelseite nicht im korrekten Größenverhältnis dargestellt.

(AUSSER)IRDISCHE BOTSCHAFTEN

Für den Fall, dass sie in ferner Zukunft im Weltall von außerirdischen Lebewesen gefunden werden, haben die Voyager-Sonden auf **goldene Platten** gravierte Botschaften dabei. Neben einer Karte des Sonnensystems enthalten sie Begrüßungen in über 50 Sprachen sowie Musik, Tonaufnahmen und Bilder unserer Erde.

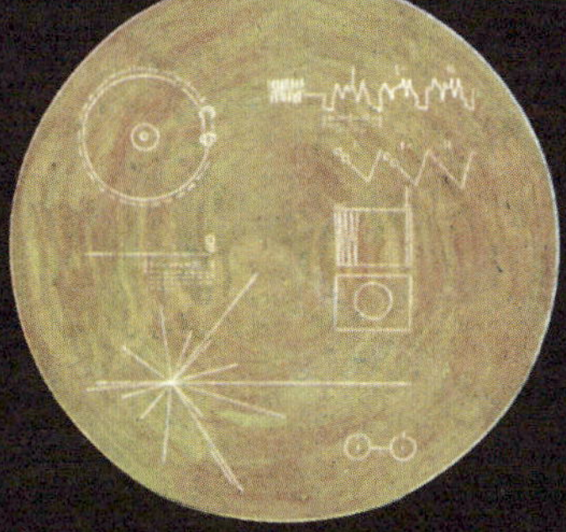

»GOLDENE PLATTE«

PLANETENRINGE

Planetenringe bestehen aus Eis- und Gesteinsbrocken, die den Planeten umkreisen. Die Ringe des Saturn sind besonders ausgeprägt und wurden schon früh entdeckt. Die anderen sind schwächer und konnten erstmals dank der Voyager-Sonden nachgewiesen und erforscht werden.

URANUS
Eisriese
V2: 1986

NEPTUN
Eisriese
V2: 1989

Seit 2006 wird Pluto nicht mehr als Planet, sondern als **Zwergplanet** eingestuft.

PLUTO
Zwergplanet

HAUMEA
Zwergplanet

MAKEMAKE
Zwergplanet

ERIS
Zwergplanet

Kennst du die Reihenfolge der acht Hauptplaneten von der Sonne aus? Mit diesem Satz kannst du sie dir leichter merken:

Mein (**M**erkur)
Vater (**V**enus)
Erklärt (**Er**de)
Mir (**M**ars)
Jeden (**J**upiter)
Sonntag (**S**aturn)
Unseren (**U**ranus)
Nachthimmel (**N**eptun)

KOMMERZIELLE RAUMFAHRT

Neben den staatlichen Behörden wie der NASA oder der ESA gibt es auch immer mehr private Raumfahrtunternehmen.

BERÜHMTE PASSAGIERE

Mit der New-Shepard-Rakete schickte die Firma Blue Origin schon einige VIPs in den Weltraum. Darunter den Schauspieler William Shatner, die Pilotin Wally Funk sowie die Tochter von Alan Shepard (S. 19).

William Shatner, der in der Science-Fiction-Serie *Star Trek* Captain Kirk spielte, ist mit 90 Jahren der bisher älteste Mensch, der in den Weltraum flog.

Wally Funk flog 2021 als Einzige der »Mercury 13« in den Weltraum. Die »Mercury 13« war eine Gruppe von 13 Frauen, die Anfang der 1960er Jahre als Astronautinnen für die Mercury-Missionen (S. 19) trainierten, doch nie teilnehmen konnten.

DENNIS TITO

Der amerikanische Unternehmer flog 2001 mit einer russischen Mission zur ISS und machte dort für knapp eine Woche Urlaub. Damit ist er der erste Weltraumtourist.

FALCON 9 (70 M)
(USA, SpaceX)

SPACEX

BLUE ORIGIN

Die zwei größten privaten Raumfahrtunternehmen sind aktuell die amerikanischen Firmen SpaceX und Blue Origin.

NEW SHEPARD (18 M)
(USA, Blue Origin)

Falcon 9 bringt regelmäßig Raumfahrerinnen und Raumfahrer zur ISS. Die kleinere New Shepard bringt Touristinnen und Touristen in den Weltraum, aber nicht in den Orbit. Falcon 9 ist teilweise, New Shepard komplett wiederverwendbar.

FÜR DEN GUTEN ZWECK

Die Amerikanerin Hayley Arceneaux flog 2021 als erste Person mit einer Prothese in den Weltraum. Durch Knochenkrebs musste ihr als Kind der Oberschenkelknochen ersetzt werden. Mit dem Flug sammelte sie Geld für die Erforschung von Krebs bei Kindern.

STARSHIP (121 M)
(USA, SpaceX)

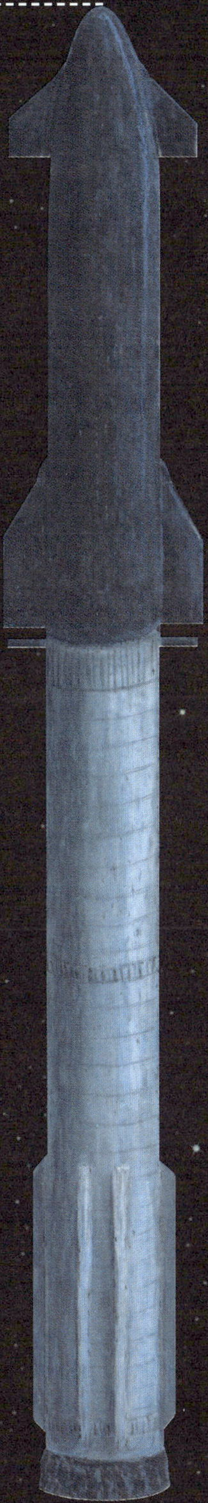

PEGGY WHITSON

Whitson hält einige Rekorde, wie etwa den längsten Gesamtaufenthalt einer amerikanischen Person im Weltraum (665 Tage). 2023 flog sie eine private SpaceX-Mission zur ISS.

CREW DRAGON
(Raumkapsel von SpaceX)

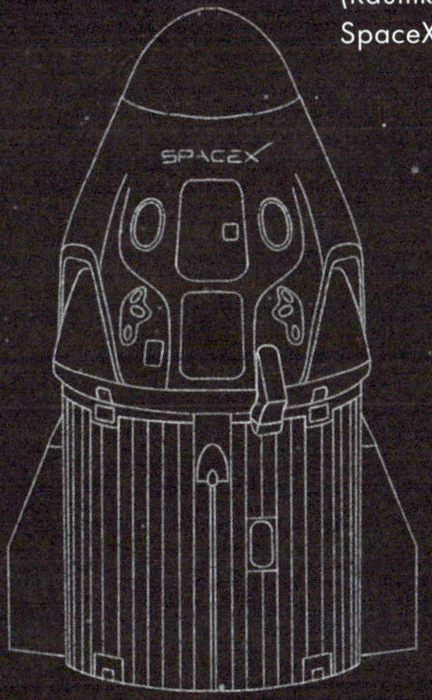

KREUZFAHRT ZUM MOND

Die SpaceX-Rakete Starship, die sich noch in der Testphase befindet, ist die größte und stärkste Rakete, die bisher gebaut wurde. Sie soll bis zu 100 Passagiere wie auf einer Kreuzfahrt um den Mond fliegen können.

SpaceX arbeitet mit der NASA zusammen. Seit 2020 bringen die Crew-Dragon-Raumkapseln regelmäßig Raumfahrer und Raumfahrerinnen zur ISS.

Starship soll einmal die erste komplett wiederverwendbare Orbitalrakete, also Rakete, die bis in den Orbit fliegt, werden.

Vor fast 70 Jahren schloss sich mir der erste der vielen Satelliten an, die die Menschen bauten.

Inzwischen schweben Millionen von kleinen und großen Objekten mit mir um die Erde.

Die meisten von ihnen sind leblose Trümmerteile, die im Orbit sich selbst überlassen wurden.

CHAOS IM ORBIT

Mittlerweile schweben so viele Objekte im Erdorbit, dass ständig die Gefahr von Zusammenstößen besteht.

WELTRAUMSCHROTT

Von den mehr als 10 000 Satelliten sind mehrere Tausend inaktiv und fliegen unkontrolliert um die Erde. Dazu kommen Überreste von Raketen und Raumkapseln. Oft müssen Satelliten und sogar Raumstationen solchen Objekten ausweichen, denn Weltraumschrott fliegt mit bis zu 28 000 km/h durch das All. Bei Zusammenstößen können schwere Schäden und wiederum neue Trümmerteile entstehen.

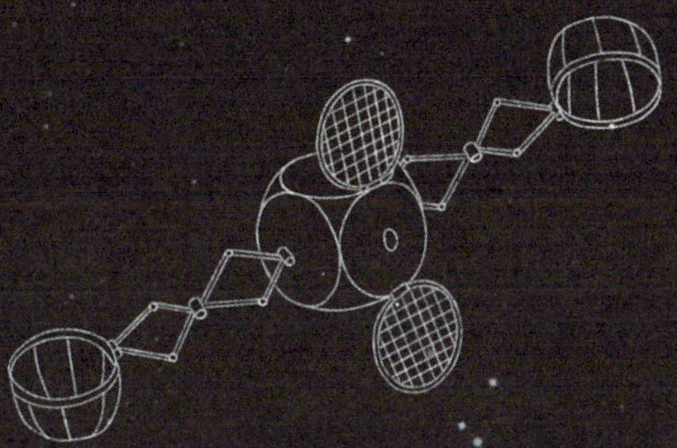

SLING-SAT
(Amerikanischer Müllabfuhr-Satellit)

Der **Sling-Sat** könnte kleinere Trümmerteile wie eine Steinschleuder zur Erde schießen, wo sie in der Atmosphäre verglühen würden.

MÜLLABFUHR IM WELTRAUM

Ziel ist es, Weltraumschrott in der Zukunft komplett zu vermeiden. Und es gibt bereits einige Ideen, wie der Erdorbit aufgeräumt werden kann. Denn je mehr Trümmerteile im All unterwegs sind, desto gefährlicher wird die Reise dorthin.

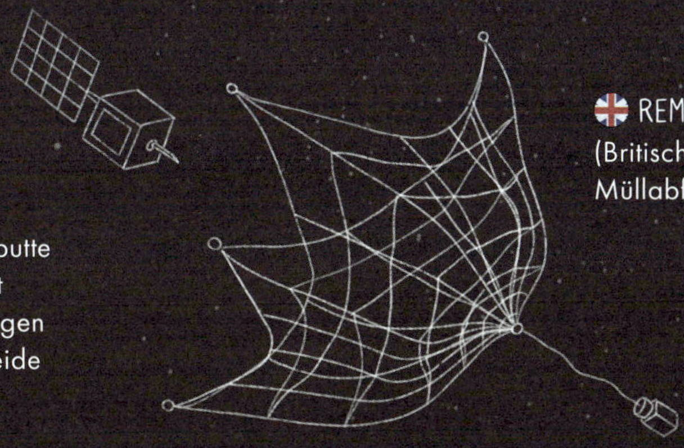

REMOVEDEBRIS
(Britischer Müllabfuhr-Satellit)

Der **RemoveDEBRIS**-Satellit könnte kaputte Satelliten und größere Trümmerteile mit einem Netz oder einer Harpune einfangen und in Richtung der Erde ziehen, wo beide verglühen würden.

Die Menschen haben mich schon seit Langem nicht mehr besucht. Doch nun schicken sie erneut ihre Boten zu mir.

Kleine Geschöpfe aus Metall umkreisen mich, landen auf mir und wandern über meine Oberfläche.

Und schon bald werden die Menschen ihnen wieder folgen. Dieses Mal kommen sie, um zu bleiben.

Ein neues, aufregendes Kapitel in der Geschichte der Menschen und von mir bricht an.

Der chinesische Mondrover Yutu 2 landete 2019 als erstes Objekt auf der Rückseite des Mondes.

ZURÜCK ZUM MOND

2025 sollen zum ersten Mal seit über 50 Jahren wieder Menschen um den Mond fliegen und später auch dort landen.

ARTEMIS-PROGRAMM

Durch Zusammenarbeit mehrerer Raumfahrtbehörden sollen mit dem Artemis-Programm das erste Mal seit 1972 wieder Menschen zum Mond fliegen. 2022 flog die unbemannte Artemis-1-Mission erfolgreich um den Mond. Ende 2025 sollen mit Artemis 2 vier Astronauten und Astronautinnen um den Mond fliegen. Eine bemannte Mondlandung mit Artemis 3 ist frühestens für Ende 2026 geplant.

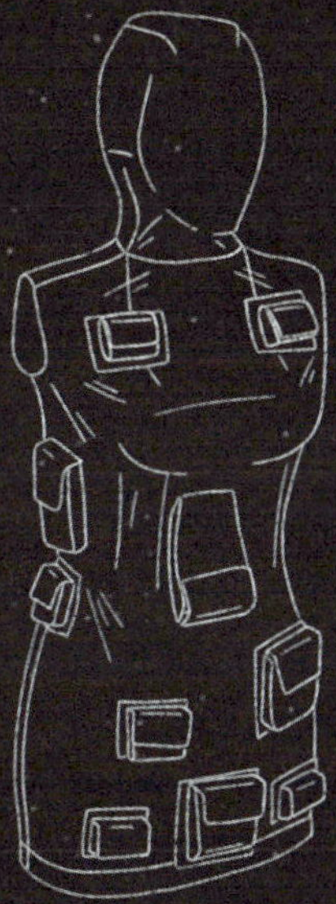

HELGA
(Test-Dummy mit Messinstrumenten)

Zur Crew von Artemis 1 gehörten NASA-Astronaut Snoopy und ESA-Astronaut Shaun das Schaf.

SPACE LAUNCH SYSTEM (98 M)
(USA)

Zwei **Test-Dummies**, die weiblichen Oberkörpern nachempfunden sind, flogen 2022 mit Artemis 1 um den Mond. Ausgestattet mit Sensoren maßen sie die Strahlung, der ein Körper im Weltall ausgesetzt ist. Diese Forschungen sorgen dafür, dass auch zukünftige Raumfahrerinnen bestmöglich geschützt sind. Frühere Studien basierten hauptsächlich auf männlichen Raumfahrern und ließen damit die Bedürfnisse von Frauen außer Acht.

Mit dem Space Launch System (auf Deutsch: Weltraum-Start-System) werden alle Artemis-Missionen starten.

INTERNATIONALE PROJEKTE

Die Apollo-Missionen (S. 24–29) waren mehr politisch als wissenschaftlich motiviert und wurden deswegen finanziell stärker unterstützt. Später waren Missionen zum Mond schlicht zu teuer, weswegen sie nicht mehr durchgeführt wurden. Heute entstehen viele Projekte in Zusammenarbeit mehrerer Länder oder mit privaten Unternehmen, was die Kosten für die einzelnen Parteien senkt.

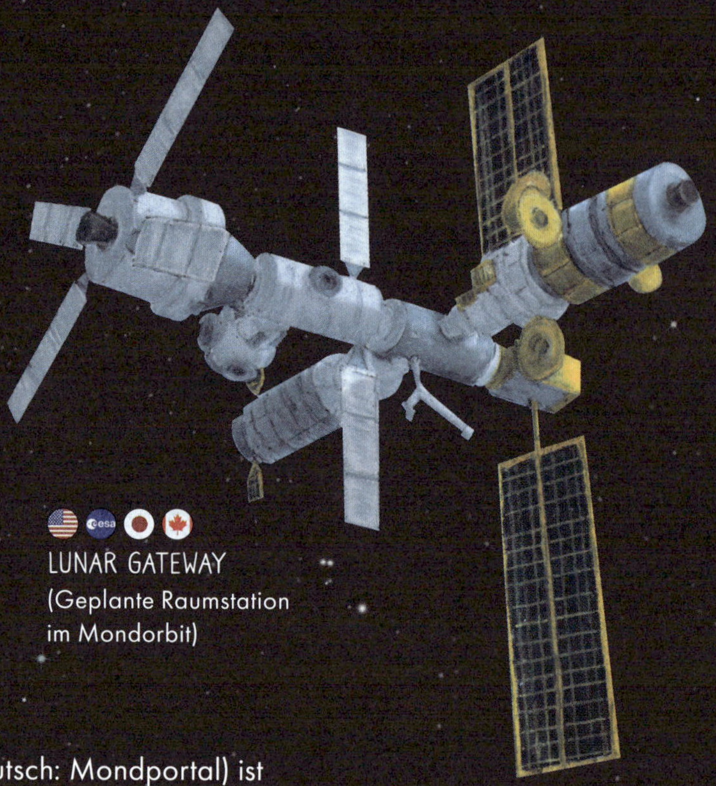

LUNAR GATEWAY
(Geplante Raumstation im Mondorbit)

LUNAR GATEWAY

Das Lunar Gateway (auf Deutsch: Mondportal) ist eine geplante Raumstation im Mondorbit. Es soll eine Zwischenstation für Mondlandungen und Startpunkt für längere Missionen zum Mars oder zu Asteroiden in der Nähe der Erde werden.

STARSHIP HLS

Eine angepasste Version der Starship-Rakete von SpaceX (S. 59) soll zukünftig Raumfahrer vom Mondorbit zur Mondoberfläche und zurück bringen.

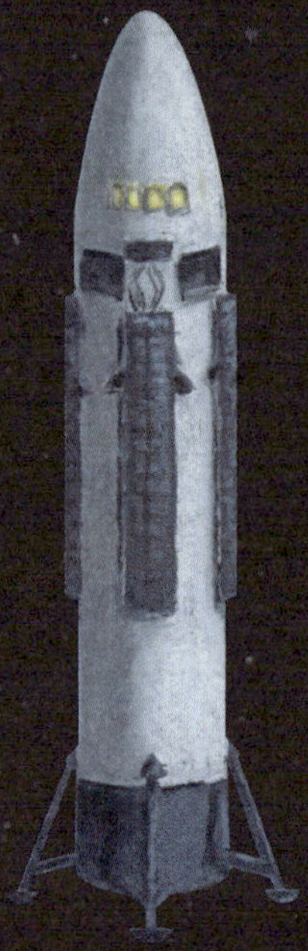

STARSHIP HLS
(Geplante Mondlandefähre von SpaceX)

CHRISTINA H. KOCH

Koch hält mit 328 Tagen am Stück den Rekord für die längste Weltraummission einer Frau. Mit Artemis 2 soll sie 2025 als erste Frau um den Mond fliegen.

DURCHMISCHTE CREW

Anders als bei den Apollo-Missionen werden in den Artemis-Missionen ganz unterschiedliche Menschen fliegen. So sollen bei Artemis 2 die erste Frau, der erste Afroamerikaner und der erste Kanadier um den Mond fliegen. Bei späteren Artemis-Missionen werden Astronautinnen und Astronauten aus Europa und Japan mitfliegen.

WER WILL ZUM MOND?

Neben Europa und den USA planen noch weitere Länder Missionen zum Mond. Bereits jetzt bereiten Raumsonden den Weg für zukünftige bemannte Missionen.

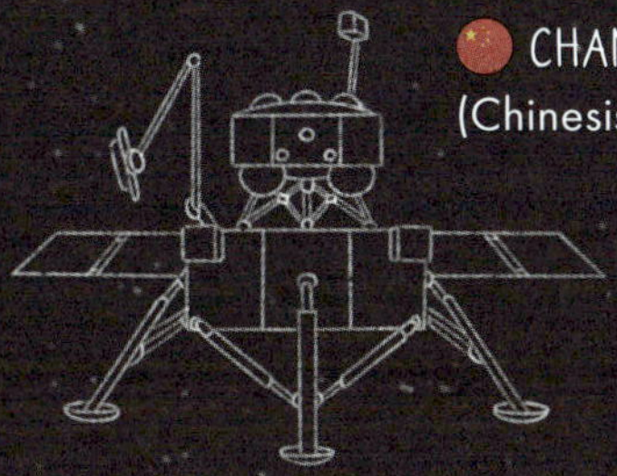

CHANG'E (2020)
(Chinesische Mondsonde)

Die chinesische Mondsonde Chang'e-5 brachte 2020 Gesteinsproben von der Mondoberfläche zur Erde.

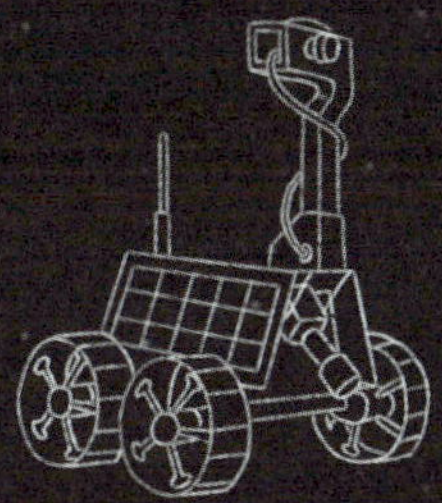

RASHID (2022)
(Arabischer Mondrover)

Der Rover Rashid war die erste Mondmission der Vereinigten Arabischen Emirate. Er stürzte 2023 beim Versuch der Mondlandung ab.

DANURI (2022)
(Südkoreanischer Mondorbiter)

Danuri sucht vom Mondorbit aus nach Eis auf der Oberfläche.

PRAGYAN (2023)
(Indischer Mondrover)

2023 landete der Rover Pragyan auf dem Mond, während der Orbiter Chandrayaan-3 im Mondorbit blieb.

SLIM (2024)
(Japanischer Mondlander)

Mit SLIM schaffte es Japan als 5. Land, ein Raumfahrzeug weich auf dem Mond zu landen.

RAUMSONDE

Anders als Satelliten verlassen sie die Erde, um andere Himmelskörper zu erforschen. Sie bestehen aus bis zu drei Teilen; **Orbiter**, **Lander** und **Rover**. Der Orbiter bleibt in der Umlaufbahn, während Lander und Rover auf der Oberfläche landen. Dabei unterscheidet man zwischen einer **harten Landung**, bei der die Sonde zerbricht, und einer **weichen Landung**, bei der sie intakt bleibt. Manche Lander haben einen Rover dabei, ein Roboterfahrzeug, das umherfahren und so ein größeres Gebiet erforschen kann.

Bald werden sich die Menschen dauerhaft auf mir einrichten.

Ihr Plan ist eine Mondbasis, die sie über längere Zeit auf mir beherbergen könnte.

So können sie mich genauer untersuchen als je zuvor.

BASIS AM SÜDPOL

In den meisten Planungen sind die Hochebenen um den Shackleton-Krater am Südpol des Mondes der Standort für eine Mondbasis. Am Boden des 4 km tiefen Kraters, der immer im Schatten liegt, ist es so kalt, dass es große Vorräte an gefrorenem Wasser haben könnte. Auf den Berggipfeln am Kraterrand scheint dagegen immer die Sonne.

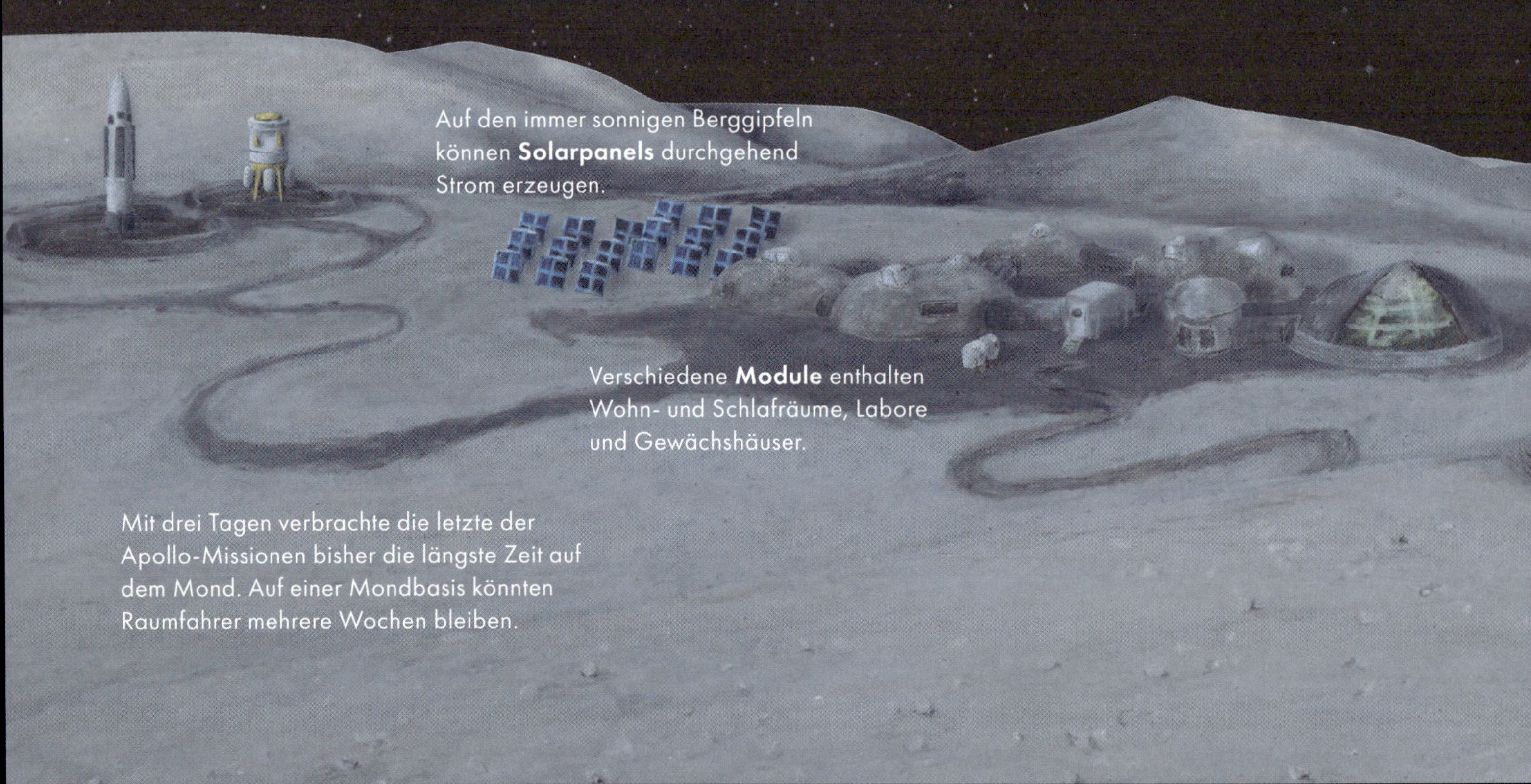

MONDBASIS

Mehrere Länder und private Unternehmen planen, bereits in den 2030er Jahren eine bemannte Basis auf dem Mond zu bauen.

GESCHICHTE IM MONDGESTEIN

Das Ziel der geplanten Mondmissionen ist es unter anderem, anhand von genaueren Untersuchungen des Mondgesteins mehr über den Mond und damit auch die Entstehung der Erde und unseres Sonnensystems zu erfahren.

Landefähren bringen regelmäßig Raumfahrerinnen und Raumfahrer sowie Vorräte von der Raumstation Lunar Gateway zur Mondbasis.

Für längere Aufenthalte auf dem Mond werden neue **Raumanzüge** und **Fahrzeuge** entwickelt.

Bald wird die Geschichte über die Reisen der Menschen zu mir erzählt sein. Doch eine andere Geschichte fängt gerade erst an.

Die Geschichte über die Reise der Menschen zum Mars.

DER ROTE PLANET

Wie der Mond weckt auch unser Nachbarplanet, der Mars, schon seit Langem das Interesse der Menschen.

PLANETARE NACHBARN

Der Mars ist einer der beiden Nachbarplaneten der Erde und ist ihr sehr ähnlich. Vor langer Zeit hatte er, wie die Erde, eine dichte Atmosphäre und große Mengen an Wasser. Heute ist der Mars jedoch eine kalte Wüste, auf der bisher weder flüssiges Wasser noch Leben gefunden wurden.

Der Mars dreht sich in 24 Stunden und 40 Minuten um sich selbst. Ein **Mars-Tag** dauert also beinahe gleich lang wie ein Tag auf der Erde. Für eine Umrundung der Sonne benötigt der Mars jedoch 687 Tage. Ein **Mars-Jahr** ist also fast doppelt so lang wie ein Erd-Jahr.

Auf dem Mars ist es durchschnittlich -63 °C kalt.

Olympus Mons ist mit 26 km Höhe der höchste Berg und der größte Vulkan im Sonnensystem, der bisher entdeckt wurde.

Die Linie rechts zeigt dir an, wie weit der Mond und der Mars im Verhältnis von der Erde entfernt sind.

EINE LANGE REISE

Die ISS befindet sich etwa 400 km über der Erde. Der Mond ist durchschnittlich 384 000 km von der Erde entfernt. Steht der Mars am nächsten zur Erde, ist er immer noch 60 Millionen Kilometer weit weg. Wäre es möglich, mit einem Auto hinzufahren, würde die Fahrt zur ISS bei 80 km/h 5 Stunden dauern. Zum Mond wärst du ohne Pause 6½ Monate unterwegs und zum Mars mehr als 85 Jahre. Raumschiffe sind viel schneller als ein Auto, trotzdem würde eine Reise zum Mars und wieder zurück aktuell immer noch etwa 2–3 Jahre dauern.

REISEN ZUM MARS

Nach einigen Plänen sollen schon in den 2030er Jahren die ersten Menschen zum »Roten Planeten« reisen.

RO(BO)TER PLANET

1997 landete der erste Marsrover Sojourner auf dem Mars. Er war nur etwa so groß wie eine Mikrowelle. Seither hinterließen fünf weitere Rover ihre Radspuren im roten Sand. Damit ist der Mars der einzige Planet, der von Robotern »bewohnt« ist.

Tagsüber ist der Himmel auf dem Mars orange, aber wenn die Sonne untergeht, leuchtet er tiefblau, wie auf diesem Foto eines Marsrovers zu sehen ist.

Der 50 cm kleine Ingenuity war der erste **Helikopter** auf dem Mars. Um in der dünnen Marsluft fliegen zu können, drehten sich seine Rotorblätter extrem schnell.

INGENUITY
(USA, 2021–2024)

Zhurong ist der bisher einzige Rover, der nicht aus den USA kommt.

Von wo aus im Sonnensystem die Menschen auch zu mir heraufschauen, ich werde ihre Geschichte weitererzählen.

Und auch du könntest ein Teil der nächsten Geschichte sein und deine Spuren auf meiner staubigen Oberfläche oder im roten Marssand hinterlassen.

Bist du bereit?

Von wo aus im Sonnensystem die Menschen auch zu mir heraufschauen, ich werde ihre Geschichte weitererzählen.

Und auch du könntest ein Teil der nächsten Geschichte sein und deine Spuren auf meiner staubigen Oberfläche oder im roten Marssand hinterlassen.

Bist du bereit?

GLOSSAR

Hast du ein Wort gesehen, das du nicht verstehst?

Astronaut: Raumfahrer, der um die Erde oder zum Mond geflogen ist (S. 19)

Atmosphäre: Schützende Blase aus Gasen um einen Planeten oder Mond

Kosmonaut: Russische Bezeichnung für Astronauten (S. 19)

Landefähre: Bringt Raumfahrer vom Orbit auf die Oberfläche des Planeten oder Mondes (S. 26)

Marsrover: Siehe Rover

Modul: Teil einer Raumstation (Wohnmodul)

Mondlandefähre: Siehe Landefähre

Mondrover: Siehe Rover

Mondsonde: Siehe Raumsonde

Orbit: Weg, den ein Objekt im Weltraum um ein anderes fliegt. Auch Umlaufbahn genannt (S. 15)

Planetensonde: Siehe Raumsonde

Rakete: Bringt Satelliten, Raumkapseln oder Raumstationen in den Weltraum

Raumanzug: Schützt Raumfahrer und versorgt sie mit Sauerstoff (S. 27)

Raumfahrer: Person, die in den Weltraum fliegt (S. 19)

Raumfahrt: Erforschung des Weltalls durch Sonden, Raumfahrer und Satelliten

Raumfahrtbehörde: Staatliches oder privates Unternehmen, das Raumfahrt betreibt

Raumkapsel: Bringt Raumfahrer oder Vorräte auf einer Rakete in den Weltraum

Raumsonde: Satellit, der den Erdorbit verlässt, um andere Planeten und Monde zu erforschen (S. 65)

Raumstation: Wissenschaftliches Labor im Weltraum (S. 30)

Rover: Roboterfahrzeug, das die Oberfläche eines Planeten oder Mondes erforscht

Satellit: Gerät im Erdorbit, das Bilder der Erde macht und Signale weiterleitet

Schwerelosigkeit: Zustand, in dem durch Aufhebung der Schwerkraft alles frei herumschwebt (S. 43)

Schwerkraft: Starke Anziehungskraft, mit der große Objekte wie Planeten kleinere Objekte festhalten (S. 6)

Solarenergie: Aus der Sonne gewonnener Strom (Solarzellen, Solarpanels)

Sowjetunion: Ehemaliger Staat in Osteuropa und Asien. Auch UdSSR genannt (S. 40)

Taikonaut: Chinesische Bezeichnung für Astronauten (S. 19)

Teleskop: Gerät, mit dem weit entfernte Objekte, zum Beispiel andere Planeten, stark vergrößert betrachtet werden können. Siehe auch Weltraumteleskop

UdSSR: Siehe Sowjetunion

Umlaufbahn: Siehe Orbit

Versorgungskapsel: Raumkapsel, die Vorräte zu einer Raumstation bringt

Weltall: Unendlich großer Raum, in dem sich alles befindet. Auch Universum oder All genannt (S. 11)

Weltraum: Leerer Raum zwischen den Objekten im Weltall (S. 11)

Weltraumspaziergang: Einsatz im Weltraum, bei dem der Raumfahrer die Raumkapsel oder Raumstation verlässt (S. 23)

Weltraumteleskop: Teleskop im Weltraum (S. 36)

Möchtest du noch mehr über ein Thema in diesem Buch wissen?

Mehr zum Mond:
Der Mond: Mystische Geheimnisse und wissenschaftliche Fakten (Hannah Pang & Thomas Hegbrook, 360 Grad, 2018)

Mehr zu Raumstationen:
Exklusive Einblicke! Internationale Raumstation (Dorling Kindersley Verlag, 2022)

Wenn du wissen willst, wann du die ISS und die Tiangong am Himmel sehen kannst:
www.astroviewer.net/iss/de/index.php

Wenn du einmal eine Rakete oder einen Raumanzug in echt sehen willst:
Verkehrhaus der Schweiz (Luzern, CH)
Deutsche Raumfahrtausstellung (Muldenhammer, DE)
Technikmuseum Speyer (Speyer, DE)